FOURIER ET SON SYSTÈME.

En vente à la Librairie sociale.

Ouvrages de Charles Fourier.

TRAITÉ DE L'ASSOCIATION (épuisé).	»	»
LE NOUVEAU MONDE INDUSTRIEL, 1 vol. in-8.	7	»
LA FAUSSE INDUSTRIE, 2 vol. in-12.	9	50
THÉORIE DES QUATRE MOUVEMENTS (épuisé).		
DESTINÉE SOCIALE, par Victor Considerant, 2 vol. in-8.	13	»
PAROLES DE LA PROVIDENCE, par Mme Clarisse Vigoureux.	3	»
DES INTÉRÊTS DU COMMERCE, DE L'INDUSTRIE ET DE L'AGRI-CULTURE, par Pecqueur. 2 vol. in-8.	16	»
OUVRAGES de MM. Juste Muiron, A. Paget, Lemoyne, Villegardelle, Lechevalier, Dain, d'Izalguier, Maurize, Baudet Dulary, ancien député, Berbrugger, Pellarin, César Daly, H. Carlet.	»	»

Ouvrages de Madame Gatti de Gamond.

CONDITION DES FEMMES AU XIXe SIÈCLE (épuisé).	»	»
ESQUISSES SUR LES FEMMES (épuisé).	»	»
FOURIER ET SON SYSTÈME, 1 vol. in-8.	7	50
— Même ouvrage, in-18, avec une nouvelle préface.	2	50

Ouvrages de M. Jean Czynski.

RUSSIE PITTORESQUE, histoire et tableau de la Russie; édition illustrée, ornée de vign., par M. J.-B. Gatti, 2 vol.	12	»
LE GRAND-DUC CONSTANTIN (histoire de la dernière révolution polonaise), 2 vol.	15	»
LE KOSAK (mœurs des Kosaks de l'Ukraine), 2 vol.	15	»
STENKO LE REBELLE (mœurs des Kosaks du Don), 2 vol.	15	»
LE ROI DES PAYSANS (état des Juifs en Pologne), 2 vol.	15	»
HISTOIRE DE POLOGNE, 1 vol. in-12.	2	25

Sous presse.

DEVOIRS DES FEMMES, par Mme Gatti de Gamond, ouvrage divisé en deux parties : Éducation, Instruction. Chaque vol. se vendra séparément.

AVENIR DES OUVRIERS, par Jean Czynski.

LA RÉVOLTE DES FEMMES, par Jean Czynski.

REVUE GÉNÉRALE de l'architecture et des travaux publics, publication mensuelle, par César Daly. Les premiers architectes et ingénieurs de Paris et de l'étranger contribueront à la rédaction de cette Revue, ornée de gravures coloriées et de nombreuses vignettes. Par an, 40 francs.

AVENIR DE L'ARCHITECTURE, par César Daly.

IMPRIMERIE DE Mme Ve HUZARD, RUE DE L'ÉPERON, 7.

FOURIER

ET

SON SYSTÈME;

PAR

Madame Gatti de Gamond.

> Vois-tu le soleil qui se couche en ce moment? De même qu'il se lèvera demain, de même il est sûr qu'un jour la vérité luira.
>
> SCHILLER (*Vierge d'Orléans*).

DEUXIÈME ÉDITION.

PUBLIÉ

PAR LA LIBRAIRIE SOCIALE,

RUE DE L'ÉCOLE-DE-MÉDECINE, 4.

1839

Ne peut-on , sans présomption , regarder le moment actuel comme éminemment favorable. à la réalisation des idées de Fourier? Les progrès des arts, des sciences et de l'industrie sont arrivés précisément au point de faire comprendre à chacun les difficultés de l'état social, sans que personne connaisse le moyen de les résoudre. Les souffrances des masses s'aggravent par le sentiment chaque jour plus distinct qu'elles en acquièrent; les esprits dans toutes les classes sont livrés au doute , à l'inquiétude, au malaise; chacun examine soi et les autres, et, mécontent de sa sphère , aspire à s'élever, repousse la douleur et les privations, et veut sa part des jouissances de ce monde. Toute croyance est affaiblie ,

toute autorité est ébranlée , tous les liens sociaux se brisent , l'anarchie des idées passe
dans les faits. Par une conséquence nécessaire
de cet état de choses, de toutes parts l'horizon
politique s'obscurcit ; ni les nations , ni les
gouvernements ne savent où ils marchent,
on est toujours à la veille de guerres sanglan-
tes, de discordes intestines. Et cependant,
qui n'a conscience de la stérilité de tous ces
débats , qui n'a crainte de l'anarchie révolutionnaire? Le bon sens des peuples la repousse ;
mais ils s'y voient entraînés forcément par la
confusion de toutes les idées et l'inquiétude
de tous les esprits, qui font aujourd'hui d'une
fatalité aveugle le seul arbitre de nos destins.

Dans ce désordre, les uns prêchent les
croyances religieuses qu'eux-mêmes ne possèdent plus ; d'autres s'épuisent en efforts
d'une vaine philanthropie , dont les premiers
ils reconnaissent l'inefficacité ; d'autres encore
s'en prennent aux gouvernements , tandis
qu'il serait vrai de dire que ces derniers sont
aussi embarrassés que les peuples. Enfin quel-

ques esprits supérieurs examinent l'organisation même de la société, approfondissent les causes de ses misères, et se demandent si en remontant à la source du mal on ne pourrait pas remédier à toutes les souffrances, rendre la stabilité aux institutions, faire régner la paix et la concorde sur le monde, et ranimer les croyances au spectacle du bonheur et de l'harmonie, nouveau partage du genre humain.

C'est ce qu'a voulu Fourier. Par le seul fait de substituer l'association au morcellement, au moyen d'un essai d'une application prompte, aisée, et offrant des résultats positifs, il assure l'aisance et le bonheur aux masses, détruit tout germe de discordes et de bouleversements, prévient les révolutions et les guerres, ouvre une nouvelle ère de paix et de prospérité. Ces assertions magnifiques ne méritent-elles pas d'attirer l'attention des gouvernements. N'ont-ils pas le plus puissant intérêt à vérifier un système qui aura pour but immédiat de porter l'ardeur inquiète des esprits vers les arts pacifiques, et de rendre les nations d'autant plus aisées à gouverner, qu'elles posséderont plus de lumières et de richesses.

Du reste, c'est avec joie que les partisans de Fourier voient leur nombre chaque jour s'agrandir, et le bon sens public apprécier plus justement son système. La presse, cet organe puissant de l'opinion, commence à se montrer favorable aux principes essentiels de la doctrine sociétaire ; tout homme éclairé se fait un devoir de l'approfondir ; une foule de disciples répandus dans toute la France et à l'étranger n'attendent qu'une sage initiative de réalisation, pour y coopérer de tous leurs efforts et par tous leurs moyens.

Longtemps la doctrine de Fourier, ignorée et méconnue, a été en butte à des reproches non fondés ; celui que j'ai entendu le plus généralement répéter est celui de *matérialisme*. Assurément ceux qui s'adressent à Fourier n'ont qu'une connaissance superficielle de son système. L'auteur du traité d'*association* est

profondément religieux. Sa doctrine entière
est basée sur l'interprétation des lois divines ;
s'il veut que l'homme jouisse des biens terrestres, c'est parce qu'ils nous viennent de
Dieu, que la création est son œuvre, et qu'elle
nous convie à faire fructifier ses richesses, et
nous les approprier. En même temps, Fourier
ne cesse de faire la part aux jouissances morales ; tous les sentiments généreux, l'amour
du bien et du beau, l'adoration perpétuelle
du créateur sont les puissants leviers qu'il
emploie dans le nouvel ordre social ; il a une
si haute idée du sentiment inné, instinctif,
qui pousse l'homme au dévouement, que c'est
la base qu'il pose au monde harmonien, le
palladium sans lequel il ne saurait exister. Sa
doctrine est l'application la plus large du principe évangélique, *amour du prochain, cha-*
rité universelle ; tandis qu'aujourd'hui ce principe n'est que dans la bouche et l'égoïsme
dans les faits, Fourier anéantit l'égoïsme et
rend la charité une pratique constante. Au
lieu de l'incohérence et du déchirement actuel

*

des choses , il nous met d'accord avec nous-mêmes , avec la création , avec Dieu.

On déplore l'affaiblissement des croyances religieuses, ceux-mêmes qui chancellent dans la foi se font un devoir d'y rappeler, d'y retenir les masses. Mais sont-ce des paroles vaines et dépourvues de conviction qui ravivent des croyances éteintes ou assoupies? Non, si dans l'état actuel les hommes doutent et désespèrent, s'ils tombent dans un déplorable matérialisme et scepticisme, c'est parce que le monde est entièrement désordonné, parce que le corps et l'esprit souffrent, parce que l'humanité a dévié de ses destins, qu'elle ne sent plus le doigt de Dieu, et qu'il lui semble errer au hasard, sans plus avoir de règle ni d'assistance qui lui vienne d'en haut; — mais qu'éclairée par la parole de Fourier, elle rentre dans les voies providentielles, que, par l'*association*, elle fasse converger tous les intérêts vers un foyer unitaire, que le monde moral, mû par l'attraction, offre le même spectacle d'ordre et d'harmonie que les astres dans les cieux et toute la nature, que chacun, trouvant son bonheur dans le bonheur de tous, sente distinctement qu'il fait partie du grand *tout* et qu'il concoure aux desseins de la divinité, — qui peut douter que les hommes ne redeviennent ardemment et profondément religieux, et qu'au lieu des sophismes, des blasphèmes, du doute, de l'incrédulité, du discord de toutes les croyances, il ne s'élève dans le monde entier un hymne perpétuel d'amour et d'adoration vers le Dieu éternel, Tout-Puissant, auteur de toutes choses.

D'un autre côté, si les uns accusent Fourier de matérialisme, d'autres prétendent que, dans la théorie des créations successives et des transmigrations des âmes, il a voulu fonder une nouvelle religion. Il n'est point d'accusation dont Fourier se soit garé avec plus de soins. Voici comment il s'exprime à ce sujet :

« Je suis le seul novateur qui, ayant toutes » chances pour fonder une secte religieuse,

» aie évité de le faire. Je me serais bien
» gardé de pareille spéculation ; je considère
» les innovations religieuses comme des
» brandons de discorde, et ma tâche étant
» de concilier tous les partis par le bienfait
» du quadruple produit, de l'industrie at-
» trayante et de la mécanique des passions,
» je répugne à toute méthode qui provoque-
» rait du trouble et qui m'assimilerait aux
» agitateurs. Je désavoue d'avance quicon-
» que, après moi, voudrait faire pareil abus
» de ma théorie, toute conciliante, servant
» les intérêts de tous (*). »

Les idées émises par Fourier sur la *cosmogonie et l'immortalité de l'âme* ne forment
nullement un dogme, mais, à proprement
dire, appartiennent à la science. En a-t-il démontré rigoureusement les principes? Non,
Fourier a l'intuition, la prévision des progrès
postérieurs de la science à cet égard, mais il
ne donne point de démonstration suffisante.

(*) *Fausse industrie* . 157.

Il se contente de prendre date pour que son nom se rattache aux découvertes positives de l'avenir. Lui-même il sépare entièrement cette partie de la théorie avec celle qui traite de l'association. Cette dernière est une science exacte dont on peut vérifier aisément les calculs au moyen d'un essai pratique.

« Quant à ce qui touche aux affaires ultra-
» mondaines, dit-il, supposons que je ne sois
» qu'un philosophe, un faiseur de système ;
» je puis user du droit qu'ont eu avant moi
» cent mille philosophes qui ont fait des sys-
» tèmes sur l'un ou l'autre monde. Si je me
» trompe, je répondrai, *errare humanum est.*
» Mais, après avoir lu mes erreurs sur le sort
» futur des âmes, on avouera, au moins, que
» leur cadre est digne de la puissance de
» Dieu et du génie de l'homme (*). »

Pourquoi, m'a-t-on dit, reproduire dans mon exposition de la théorie de Fourier cette partie qui soulève le plus d'objections et cho-

_____

(*) *Traité d'association*, 1 vol. 235.

que le plus de susceptibilités ? Je réponds :
parce que je me suis imposé la tâche de pré-
senter l'ensemble du système , et de suppléer
en quelque sorte aux ouvrages de l'auteur auprès de ceux qui pourraient s'effrayer de leur
volume et de leur forme scientifique. Il ne
m'appartenait pas d'écarter aucune partie essentielle ; je ne me fais point juge , j'expose ;
ou , du moins , si j'embrasse avec la plus entière conviction la doctrine de l'association ,
je me contente , pour ce qui est des magnifiques prévisions de Fourier sur l'avenir du
globe et les destinées des âmes , de répéter
ces paroles qui terminent un article remarquable de l'auteur de RICHE ET PAUVRE : *Si cette
doctrine n'est point une révélation providentielle , à coup sûr elle prouve une puissante imagination* (1).

MADAME GATTI DE GAMOND.

Paris, ce 15 février 1839.

(*) *National* du 6 janvier 1839.

TABLE DES MATIÈRES.

FIN DE LA TABLE.

CHAPITRE PREMIER.

Des divers systèmes touchant la destinée humaine.

L'homme ici-bas a soif de bonheur, c'est un désir incessant qui le tourmente et le pousse à la recherche des biens qu'il ne possède pas. Le bonheur n'est pas fait pour cette terre, ont dit les moralistes, et tous ceux qui souffrent de répéter : Le bonheur n'est pas fait pour cette terre ! Et cependant, le désir en reste impérissable au cœur de l'homme ; il ne cesse de s'agiter dans sa vaine poursuite, et si un moment il l'atteint, s'il est en possession de jouissances vives et continues, il lui semble avoir répondu

aux besoins de sa destinée, être en accord avec
la création. Le bonheur n'est pas fait pour cette
terre ! Eh ! qu'est-ce qui le prouve ? Cette terre
si fleurie, si féconde, si magnifique dans ses
aspects variés, si susceptible d'être embellie par
les arts, les sciences et l'industrie, pourquoi ne
deviendrait-elle pas un séjour fortuné ? Les passions de l'homme, dit-on, y portent le ravage ;
mais ces passions mêmes ne sont-elles pas
source des jouissances les plus exquises ? L'a-
mitié, l'amour, la gloire, les affections de famille ne remplissent-ils pas le cœur de sentiments enivrants ! Tous les éléments de bonheur,
d'un bonheur approprié aux désirs, aux facultés
des hommes, sont ici-bas à notre portée, en
nous, hors nous. Le sentiment seul de la vie,
respirer un air pur, admirer la création, est
déjà un bonheur. Si Dieu avait voulu faire de la
terre une vallée de larmes, une triste prison,
l'aurait-il embellie de charmes si puissants que
l'homme y tient en dépit des maux que lui-
même se crée ? Aurait-il donné à l'homme,
pour but positif de sa destinée, d'améliorer
constamment sa demeure par les prodiges des
arts et de l'industrie ? Si ce monde n'était véri-

tablement qu'un passage, un temps d'épreuve,
ne verrions-nous pas le genre humain, dédai-
gneux des biens de cette vie et impatient d'arriver au terme de sa carrière, se croiser les
bras, fixer les yeux au ciel, seul but désirable,
et tout au plus arracher au sol quelques racines
pour sa maigre subsistance? Ne verrions-nous
pas, pour vertus uniques, la résignation, l'inertie et la passivité? La vie ne deviendrait-elle pas
semblable au sommeil, si la mort était le seul
but? Mais loin de là, les hommes ne souffrent
qu'impatiemment la misère, la servitude, l'injustice, tous les maux qui accablent l'humanité.
Pleins d'activité, d'ardeur, le repos absolu les
accable; ils ont besoin d'emploi à leurs facultés; ils exercent l'industrie et les arts; ils poursuivent le bonheur. Les philosophes, les législateurs, les moralistes eux-mêmes, dans leurs
lois, leurs préceptes, leurs systèmes, travaillent à l'amélioration de la condition humaine,
même en ignorant le but, même en niant le bonheur. Ce besoin instinctif de félicité ici-bas, ce
concours simultané de tous les efforts pour la
posséder individuellement et collectivement, ne

nous sont-ils pas gages que Dieu nous l'accordera,
et ne devons-nous point croire que *des destinées
sont proportionnelles aux attractions?*

Toute l'antiquité, à l'exception de quelques
sectes philosophiques, fut instinctivement amie
des richesses et des plaisirs. En Orient, en Grèce,
dans la belle Italie, un ciel riant, une atmosphère tiède, une terre féconde, semblaient
inviter les hommes à jouir sans fatigues, à se
laisser aller mollement au bonheur de vivre. La
religion païenne, joyeuse et couronnée de fleurs,
s'enivrant d'ambroisie, excitait au plaisir et donnait le libre essor aux passions, par l'exemple
même des dieux. Mais qu'arriva-t-il dans des
sociétés toutes basées, même avec leurs beaux
noms de républiques, sur la plus grande iniquité
humaine, l'esclavage? On les vit, tiraillées en
tous sens par les intérêts divergents, n'offrir
que discorde, anarchie; on vit l'avidité des
jouissances enfanter un hideux égoïsme, les
vices les plus honteux, un débordement effroyable des passions. On vit tous les maux
fondre à la fois sur ces sociétés, les foudroyer,
les broyer, les dissoudre, jusqu'à ce qu'elles

disparussent en quelque sorte de la terre, ne laissant que des débris, mémoire de leur chute et de leur grandeur.

Les sectes philosophiques qui prêchèrent les austérités furent une digue élevée par la nécessité des temps, qui vainement s'opposait aux désordres des passions, entraînant les peuples dans l'abîme. Des législateurs essayèrent également de les réfréner; ils ne connurent que la contrainte et la répression. Lycurgue seul donna, jusqu'à un certain point, essor aux passions, en absorbant les unes au profit des autres, en exaltant le patriotisme, et ne laissant pas de prise à la cupidité ni à la sensualité. Sa république, longtemps modèle aux peuples de tous les âges, subsista cinq siècles : elle devait périr, entachée de l'esclavage, de la soif des conquêtes, d'un esprit étroit de nationalité et d'une égalité entièrement factice. Cependant Lycurgue fut de tous les législateurs celui qui connut le mieux le cœur humain.

Les doctrines d'Épicure et de Zénon se partagèrent le monde ancien. Ce dernier, qui fonda la secte des stoïciens, au lieu de chercher un remède aux maux de l'humanité, se contenta de nier la douleur, de prêcher le mépris des richesses, d'amortir les passions, de faciliter le suicide en faisant de la vie même le néant; il ne s'apercevait point qu'en prétendant tuer les passions il ne faisait que les absorber aux dépens d'une seule, l'orgueil. Au contraire, la doctrine d'Épicure, favorisant les plaisirs, donnait essor aux passions, encourageait à toutes les jouissances et ne prêchait la modération que dans le sens du raffinement. Doctrine égoïste, exclusive en faveur des riches et des puissants, considérant la masse du peuple et des esclaves seulement faits pour souffrir et travailler.

La charité universelle fut le cachet divin du christianisme. En trouvant sur la terre une poignée de privilégiés, d'oppresseurs et une immense multitude d'opprimés, de souffrants, de misérables, Jésus ne s'adressa pas aux premiers, mais aux derniers : il comprit dans sa charité l'humanité entière ; il donna aux maux présents la plus puissante consolation en révélant le dogme consolateur de l'immortalité de l'âme, resté inconnu au judaïsme. Les principes sublimes de sa morale, en offrant un secours, une consolation, une règle de tous les moments, basèrent une société meilleure, plus équitable, la société de l'avenir. Les hommes, qui abusent de tout, ont pu interpréter forcément les doctrines chrétiennes; ils ont pu, au nom du Dieu de paix et d'amour, ensanglanter la terre des fureurs du fanatisme, et élever les bûchers de l'inquisition; ils ont pu réduire l'abnégation en passivité, la résignation en obéissance servile, et étayer le despotisme spirituel et temporel des doctrines de liberté et de fraternité. Mais qu'importe l'interprétation abusive des hommes? La morale du Christ, le principe magnifique de charité universelle, fut et restera la source de tous biens et de toute vérité. Ce fut le Christ qui introduisit une société nouvelle dans la société antique croulant de toutes parts; ce fut le Christ qui posa les premiers principes d'association, laissant aux hommes la recherche du code social, qui en permettrait la plus large et la plus juste application.

Les philosophes, moralistes, publicistes et économistes modernes, au lieu de s'attacher invariablement, selon le principe chrétien de charité universelle, aux moyens d'amélioration du sort de la classe la plus pauvre et la plus

nombreuse , se perdirent trop souvent dans le
dédale des doctrines et systèmes factices et stériles de l'antiquité. Tous , influencés à leur insu
par les traditions et le spectacle de l'esclavage,
au lieu de remonter à sa source inique , la violence et la contrainte , et de les effacer du code
social , les acceptèrent comme inhérentes à la
nature humaine. Tous furent d'accord pour
morigéner , contraindre et punir l'homme, façonner son caractère et son esprit , dompter et
réprimer ses passions , l'adapter de force aux
sociétés *humaines*. Quelques-uns , amalgamant
la législation de Sparte avec les utopies de Pla-
ton et les doctrines de Zénon , ont condamné
les richesses comme alimentant la cupidité et
toutes les discordes. Plaçant l'âge d'or dans la
simplicité des mœurs , ils ont rêvé l'égalité absolue des fortunes , la communauté *du vivre*.
D'autres , se rattachant au système épicurien ,
ont préconisé la richesse, excité au plaisir , prê-
ché la doctrine de l'intérêt personnel : matérialisme absurde et dégoûtant qui souilla le réveil
de la raison au XVIIIe siècle , se mélangeant singulièrement avec la reconnaissance des droits
inaliénables de l'humanité. Les masses , en 93,

prenant au pied de la lettre toutes ces doctrines incohérentes d'égalité absolue, d'intérêt personnel et de souveraineté d'un peuple meurt-faim, en firent en même temps qu'une parodie sanglante une effroyable justice.

Le système *utilitaire* de Bentham, dernier écho de la doctrine stérile de l'intérêt personnel, vante la richesse et n'oppose de bornes aux passions de l'individu et de la multitude que la crainte des revers et des châtiments, perpétuant de la sorte la lutte de l'homme avec les institutions. Les économistes, secte moderne, posent franchement pour but à leur science la richesse et le bien-être général; mais ils se contentent de raconter et d'analyser les faits, sans que leurs calculs sur la valeur des choses et le juste équilibre entre la production et la consommation indiquent un ordre social où les masses ne seraient plus condamnées à la misère et aux privations, et où la richesse serait équitablement répartie. Les philanthropes sont encore une catégorie toute récente des philosophes; ils forment une continuation, une épuration des libéraux, en laissant à part les questions politi-

ques, pour s'occuper exclusivement d'améliorations sociales.

Les partis politiques ont la plupart en vue la
destruction du despotisme, l'extension des libertés publiques, l'amélioration au sort des
classes laborieuses ; mais leurs efforts restent
stériles et n'aboutissent guère qu'à un changement de personnel dans l'administration ; ils
compromettent la cause même qu'ils prétendent servir en l'exposant aux bouleversements
et vicissitudes des révolutions ; ils risquent de
retourner au despotisme par l'anarchie, et
aggravent la misère et la servitude du peuple
par un redoublement de l'impôt et de la dette
publique.

Le parti républicain, généralement animé de
sentiments généreux, offre un si grand nombre
de nuances, qu'il est difficile de le préciser ; il
ne s'accorde guère que dans le mécontentement
de ce qui existe, et l'espoir d'un meilleur ordre
de choses. Les uns ne portent pas leurs vues
plus loin qu'à une forme de gouvernement
tellement libre, que tous les citoyens, par une
sorte de suffrage universel, puissent être appe-

lés à manifester leurs vœux et à exprimer leurs opinions ; il ne veulent, à vrai dire, que la liberté politique la plus large, pensant que tous les biens doivent naturellement en résulter. Les autres prétendent procéder immédiatement à une réforme radicale des choses approchant plus ou moins du système de Babœuf ; ils pensent arriver à la justice par l'égalité absolue. Empruntant les coutumes spartiates, moins l'esclavage et la conquête, ils espèrent réaliser l'égalité par l'abolition de la propriété, l'éducation unitaire, la communauté du vivre, la médiocrité générale. La difficulté à résoudre, c'est que les hommes n'ont point d'attrait pour la médiocrité ni pour l'égalité : de goûts, de penchants, d'aptitudes, de génies divers, ils sont inégaux par nature ; on ne saurait les réduire à l'égalité que par la contrainte et l'anéantissement de toute liberté.

Les saint-simoniens, plus avancés dans les doctrines sociales, ont compris que l'homme ne doit dédaigner aucun des bienfaits de la Providence, et que le devoir de la société est d'en faire part à tous ; ils se sont posé le but de *l'amélioration au sort de la classe la plus pauvre et la plus nombreuse*, et de la répartition des ré-compenses *à chacun selon son travail et sa capacité.* Toutes les difficultés sociales étaient ren-fermées dans le principe ainsi posé ; mais les saint-simoniens n'y ont trouvé de solution que l'abolition de l'héritage, et la richesse sociale entière remise aux mains du pouvoir. Ils n'ont su donner aucun plan d'organisation du travail ; par opposition aux principes excessifs de liberté et de libre concurrence, ils se sont jetés dans l'extrémité opposée, la hiérarchie, l'obéissance passive, le despotisme théocratique amenant une sorte d'inquisition dans la vie privée, dans les pensées et les affections intimes, la cons-cience, la foi. Leur système tendait à détruire toute liberté, toute dignité humaine ; ils ont néanmoins produit un bien immense par la jus-tesse de leur critique ; ils ont fécondé les prin-cipes généreux de Saint-Simon et tenu en éveil toutes les attentions sur le problème humani-taire, *amélioration au sort de la classe la plus pauvre et la plus nombreuse.*

Owen est un de ces hommes généreux qui, bien qu'au nombre des privilégiés, sympathisent avec le pauvre, gémissent sur la misère publique, et avant de condamner le coupable, examinent ce qui a pu le pousser au crime. Owen, en voyant sous ses yeux d'un côté la richesse, les lumières, les manières polies, de l'autre la misère, l'ignorance, la mendicité, trop souvent accompagnées de la paresse, de l'ivrognerie et du vol, pensa que les vices étaient non pas le résultat de la nature de l'homme, mais de l'éducation et de l'organisation sociale ; en un mot, des circonstances qui agissent sur l'homme, du milieu où il se trouve dès sa naissance. Il crut qu'en assurant aux pauvres le travail, et leur donnant une éducation convenable, on pourrait extirper tous les défauts qui affligent aujourd'hui cette classe, et établir insensiblement sur la terre le règne de l'égalité ; jouissant de la confiance de ses compatriotes, et possédant une grande fortune, il parvint en partie à la réalisation de ses principes qui, véritablement, donnèrent d'*étonnants résultats :* réunissant, dans une association libre, des mendiants, des ivrognes, des hommes sortis de prison, il sut les accoutumer au travail, et changer toute cette classe corrompue en ouvriers honnêtes, habiles, laborieux. Les partisans des doctrines de Babœuf purent croire qu'Owen allait réaliser complétement leur système d'égalité et de communauté ; mais l'œuvre d'Owen ne renfermait point des principes d'organisation durable ; elle n'était qu'un palliatif, un remède contre la faim : les membres de New-Lanark (*), arrachés à la misère, s'adonnaient au travail, ne volaient point, ne s'enivraient point, mais ne trouvaient qu'ennui et dégoût dans la monotonie de leurs travaux et la règle uniforme de la communauté : ils étaient domptés, mais non pas heureux.

Owen ne se rebuta point ; il pensa qu'il fallait préparer la réforme sociale par celle de l'éducation, en prenant l'homme dès l'âge le plus tendre. Il fonda des établissements pour les enfants ; mais il échoua de nouveau, parce que son système est oppressif et prétend passer le niveau sur les penchants des hommes, tandis que Dieu nous les a donnés à tous en différents genres et en diverses mesures.

Fourier est venu, par la découverte de la loi d'attraction, concilier tous les partis, satis-

(*) Nom de la fondation d'Owen.

faire toutes les opinions : sa doctrine est basée
sur l'analogie universelle ; c'est à la vue de
l'ordre et de l'harmonie de la création dont
Newton a révélé la loi divine dans le monde
matériel , que Fourier , plein de foi en l'auteur
de notre être , pensa que le même ordre et la
même harmonie devaient découler d'une loi
semblable dans le monde moral. Partant de ce
principe , tous les désordres et tous les maux de
l'humanité lui furent expliqués par l'oppression
et la contrainte substituées à l'attraction, et engendrant la subversion des sentiments naturels.
Ce fut par de profondes études et des calculs
rigoureux qui élèvent sa doctrine au rang des
sciences exactes , que , dévoilant le mystère des
destinées humaines , il découvrit un nouvel
ordre social où toutes les passions deviendront
naturellement gages de paix , de concorde et
d'harmonie, où l'homme jouira de la seule liberté réelle et possible , en obéissant à la loi
d'attraction, loi divine , régissant les globes et
l'univers. La doctrine de Fourier ne s'arrête
point à telle race d'hommes , à telle partie du
monde ; mais elle comprend toutes les races ,
la terre entière , elle base l'*unité* , elle détruit

l'esclavage, tout emploi servile, tout travail obligatoire; elle assure à tous la richesse, le bien-être, le développement complet des facultés; elle donne double garantie à la propriété, garantie du fonds et garantie du revenu; en même temps qu'elle vient au secours des misérables, elle augmente infiniment la fortune et les jouissances des riches; elle fait naître la concorde de l'essor même des passions; elle établit sur toute la terre l'unité des mesures, du langage, des mœurs, des travaux, de l'administration; elle détruit toutes les contagions par des quarantaines générales, elle restaure la climature et perfectionne tous les produits de la terre et toutes les races d'animaux par la culture universelle; elle rend ce monde un séjour enchanté, réalisant les vertus de l'âge d'or, unies aux jouissances du luxe, au développement illimité des arts, des sciences et de l'industrie; enfin elle console l'homme de mourir par la certitude de l'immortalité et de la transmigration des âmes dans ce monde et dans toutes les planètes qui peuplent l'univers.

Et comment parvenir à l'unité du globe,

comment établir l'harmonie sur cette terre actuellement semblable au chaos ? Il faut simplement démêler dans ce chaos les éléments d'*association*, et en former, d'après le système qu'indique Fourier, un nouveau mécanisme social dont l'effet naturel est d'assurer à tous le bien-être, et de rendre les passions instruments de concorde et d'harmonie.

Ce mécanisme social est d'une réalisation simple, aisée, offrant des avantages immédiats; il n'exige pour essai qu'une lieue carrée de terrain, et quatre cents familles, environ mille huit cents personnes réunies dans une même habitation, et associées intégralement d'intérêts et de travaux. Une association de ce genre offrirait un tel spectacle de bien-être et de bonheur que la société entière se constituerait bientôt sur des bases semblables, et cet exemple serait suivi de toutes les nations de la terre.

Les ouvrages de Fourier renferment toute sa doctrine : dès 1808, il l'exposa en partie dans la *Théorie des quatre mouvements*. En 1822, il publia l'*Association domestique agricole*, œuvre d'un génie colossal, embrassant toutes les questions de l'esprit humain, et leur donnant à

2.

toutes la plus complète et la plus satisfaisante
solution. C'est principalement dans cet ouvrage,
renfermant le système complet d'association,
qu'il faut étudier Fourier. Le *Nouveau monde
industriel*, et la *Fausse industrie*, publiés en
1829 et 1835, ne font que donner de nouveaux
développements à la pensée immuable de sa
doctrine.

La destinée de Fourier offre un nouvel exemple de l'injustice et de l'ingratitude qui se sont
attachées dans tous les siècles aux plus beaux
génies, aux bienfaiteurs de l'humanité. Celui
qui découvrit le mode d'association qui doit
transformer la société et régir le monde vécut
pauvre et obscur (*); sauf de rares amis et quelques disciples, il ne recueillit que des mécomptes et des dégoûts; ses ouvrages furent peu lus
et point compris; on s'étonna de voir les destinées sociales, jusqu'alors objet de rêveries et
d'utopies, transformées en science exacte, et

(*) Fourier, né à Besançon, le 7 avril 1772, est
mort à Paris, le 10 octobre 1837. Fils d'un marchand,
élevé dans le commerce, dès son enfance il conçut la
plus forte répugnance pour cet état, qu'il ne put cependant abandonner qu'à l'âge de soixante ans.

précisément ce qui devait donner foi et admiration découragea et déconcerta les esprits paresseux. La critique, le sarcasme, la dérision crucifièrent Fourier durant sa pénible et laborieuse carrière, et pis encore, l'indifférence le tua. Toute sa vie, il espéra trouver un fondateur, un homme riche et puissant qui réalisât son système; cette attente fut trompée; Fourier mourut sans que jamais un doute vînt obscurcir à ses yeux la magnificence et la certitude de sa découverte, mais sans avoir vu même de loin la terre promise, sans qu'un essai de réalisation vînt porter la joie et la consolation à sa grande âme, en lui faisant entrevoir le terme prochain des maux cuisants de l'humanité.

Une année (*) ne s'est pas écoulée depuis la mort de Fourier, et l'on commence généralement à rendre justice à son génie, à rechercher avidement ses œuvres. Les amis, les partisans qui l'entouraient se sont accrus, et poursuivent avec persévérance leur œuvre de propagande et de réalisation. Une école est constituée, un

(*) La première édition a été publiée en 1838.

journal est fondé : des ouvrages ont été publiés
sur sa doctrine, dans le but de la simplifier, l'é-
claircir, la résumer. J'ai voulu ajouter mon
tribut aux travaux qui déjà ont été faits. Dans
cet écrit, je m'attache spécialement à la réalisation : laissant de côté la partie abstraite,
je m'efforce de donner une idée claire du mécanisme d'association, d'en montrer les ressorts, le jeu, les résultats. J'ai surtout pour but
de faire, en quelque sorte, toucher au doigt et
à l'œil la simplicité du système, la facilité d'exécution, la richesse et le bien-être qui en découlent immédiatement. Fourier, comme Colomb, a
découvert un nouveau monde par la profondeur
de sa science, la vue perçante de son génie;
mais, de même qu'au xvᵉ siècle, une fois la
route frayée au nouveau continent par l'homme
prodigieux qui l'avait deviné, il appartint à
tous d'en suivre les traces; aujourd'hui il appartient à tous de fonder le nouvel ordre social
et d'en recueillir les fruits. A Fourier il fallut
les profondes recherches, les études immenses
pour le créer en esprit; à ses successeurs il ne
faut qu'apprécier les résultats et pratiquer sa
théorie. A Fourier les dégoûts, les désappoin-

tements et les tortures morales ; à ses successeurs, ceux qui prendront l'initiative de la réalisation, les avantages immédiats de la fortune et de la plus haute gloire.

Ne nous étonnons pas qu'il ait fallu tant de siècles pour une découverte si simple et si féconde. Il en a été ainsi de la plupart des inventions humaines. Trois siècles datent la boussole, l'imprimerie, le système planétaire, la configuration du globe ; la vapeur est d'hier ; même les découvertes les plus simples, les plus urgentes, ont échappé aux hommes pendant trois mille ans. La brouette fut inconnue jusqu'à Pascal ; la soupente et l'étrier sont d'invention moderne. Ne nous étonnons pas non plus des retards et des difficultés apportées à la réalisation de la doctrine sociale : tous les grands hommes sont nécessairement en opposition avec leur siècle, par la raison même qu'ils sont plus avancés. Fourier fut martyr ainsi que Copernic, Galilée, Colomb ; et, comme eux, son courage et sa foi restèrent inébranlables ; comme eux, il comprenait que la grandeur même de sa découverte devait exciter le doute et le sarcasme chez les esprits routiniers. Il se comparait à un homme qui, au siècle d'Auguste, aurait inventé la poudre à canon et la boussole, et après en avoir, durant vingt ans, calculé les effets, se fût présenté aux ministres de l'empereur, et une cartouche et une boussole à la main, leur eût tenu ce discours :

« Je vais, avec la matière contenue dans ce brimborion (la poudre), changer la tactique des Alexandre et des César : je puis avec cette matière faire sauter en l'air le Capitole (par une mine) ; foudroyer les villes d'une lieue de loin (par la bombe et la couleuvrine) ; réduire, à minute nommée, la ville de Rome, en un monceau de décombres (par l'explosion d'une mine de poudre) ; détruire à 5oo toises de distance toutes vos légions (par l'artillerie) ; égaler le plus faible soldat au plus fort (par la mousqueterie) ; porter la foudre dans mes goussets (par le pistolet de poche) ; enfin je puis, avec cette autre gimblette (la boussole), braver, dans l'obscurité, l'orage et les écueils, diriger un vaisseau aussi sûrement qu'en plein jour, et l'orienter partout où l'on ne verra ni ciel ni terre (*). » A ce discours, les

(*) Fourier, *Traité d'association domestique et agricole.*

graves personnages de Rome, les Mécène et les Agrippa, auraient pris l'inventeur pour un visionnaire ; et pourtant il n'aurait promis que des effets très-possibles et connus aujourd'hui des enfants mêmes.

Il en est ainsi du *système d'association* qui doit changer la face du monde, en se substituant au mode social actuel dont le genre humain n'a recueilli que douleurs et misères ; nous allons en développer le mécanisme, après avoir jeté un coup d'œil sur la civilisation.

CHAPITRE II.

État actuel des sociétés.

Quand on nous parle de pays sauvages, tels que les Samoïèdes, où les hommes, entassés dans des huttes, couverts de vermine, n'ont d'industrie que pour satisfaire leurs besoins les plus pressants, n'ont de joie que l'assoupissement et l'inertie des facultés ; où les femmes, considérées comme immondes, sont assujetties aux travaux pénibles et journellement maltraitées, nous comprenons toute l'horreur de cette condition, et que ce n'est point la destinée providentielle de l'homme. Quand on nous parle de barbares, tels que les Tatars, Kalmouks, Indiens du Nord, Arabes du Midi, qui, dans leur vie errante, n'ont également de soin que la nourriture quotidienne, et de but que la guerre, le ravage et le pillage ; où les femmes sont traitées avec rigueur et mépris, parce qu'elles sont moins robustes que les hommes, nous ne pouvons encore voir dans cette condition qu'un état malheureux et purement transitoire. Quand on nous parle d'une demi-civilisation comme en Turquie, en Égypte, où l'industrie, les arts et les sciences sont en enfance, où les femmes, asservies, ne prennent aucune part au mouvement social, où l'humanité est foulée aux pieds, où règne un despotisme écrasant, l'on comprend aisément que cet état de choses tient encore à la barbarie, n'est également que transitoire, et doit amener une régénération ou une décadence complète. Enfin, quand nous examinons un pays dit civilisé, comme la Russie, où une aristocratie brillante pèse de tout son poids sur la multitude opprimée, esclave, abrutie, l'on comprend que cette civilisation n'est toujours qu'une barbarie déguisée, et que, si elle n'abolit l'esclavage en

son sein, elle périra par l'esclavage. Quand
alors, par comparaison, on jette un regard
superficiel sur les pays constitutionnels, où les
dernières traces de l'esclavage effacées, l'industrie, les arts et les sciences en honneur, les
hommes déclarés égaux devant la loi, les
femmes participant à la liberté sociale, semblent
attester d'immenses progrès, des pays tels que
la France et l'Angleterre, qui, sous deux faces
différentes, offrent le plus haut degré de la civilisation moderne, on est tenté de considérer
cette dernière comme un bienfait, et de demander aux sociétés de continuer à marcher
dans cette heureuse voie qu'après tant de siècles
de maux atroces la Providence leur a enfin ouverte.

Et cependant, c'est cette même civilisation,
si nous l'analysons, si nous en approfondissons
toutes les iniquités, qui ne nous offrira encore,
comme les autres périodes de la barbarie, que
misère, oppression, fourberie, carnage, toutes
les douleurs et toutes les corruptions, ne lui
donnant également d'alternative que sa réédification sur des bases entièrement nouvelles, ou
bien sa décadence et sa ruine complètes.

Aussi loin que remonte la tradition des sociétés humaines, d'après les phases successives qu'elles ont parcourues, et qui subsistent encore simultanément, la *sauvagerie*, la *barbarie* et la *civilisation*, nous voyons effectivement un progrès immense opéré dans les arts et l'industrie. A la vue d'un vaisseau de haut bord, on admire avec justice l'industrie progressive des hommes. Les inventions de l'imprimerie, la boussole, la vapeur, les découvertes de Colomb, Newton, donnent aux modernes une immense supériorité sur les anciens. Mais le progrès existe-t-il dans l'organisation sociale? Les hommes sont-ils meilleurs? sont-ils plus heureux? Ce qu'ils ont gagné d'un côté, ne l'ont-ils pas, en quelque sorte, perdu d'un autre? L'esclavage est aboli dans quelques pays pour faire place à la plaie honteuse du prolétariat; et encore l'esclavage des blancs et l'esclavage des noirs règnent de fait sur les trois quarts du globe. Quelques pays des âges modernes ont secoué le joug du despotisme; mais, dans les pays les plus libres, à la vue de la cupidité, de l'égoïsme, de la corruption qui gangrènent les sociétés actuelles, on se prend à regretter

quelques vertus et les semblants de grandeur
de Rome et d'Athènes ; l'on se prend à regretter
la barbarie et l'anarchie du moyen âge, qui,
du moins, se prêtait au merveilleux, au goût
des aventures, à l'esprit chevaleresque ; et,
d'ailleurs, le despotisme, comme l'esclavage,
règne sur les trois quarts du globe. L'industrie
fait des prodiges, mais l'art est perdu ; l'art
n'est plus lui-même qu'une industrie. Où sont-
ils les temps de l'ancienne Grèce et de l'Italie du
XVIe siècle, où l'art trônait, entretenant parmi
les hommes le feu sacré de la religion, de
l'amour, de l'enthousiasme ? Les mœurs sont
adoucies, les lois plus humaines ; mais les
sociétés languissent : il n'y a plus chez les
hommes ni vigueur ni énergie. La torture et
l'inquisition sont abolies, mais les prisons subsistent avec des tortures plus lentes, une agonie
plus cachée. L'espionnage a grandi à mesure des
prétendus progrès de la liberté ; la misère du
peuple est devenue plus effrayante en mesure
des prétendus progrès de l'égalité. La guerre
n'a point cessé ses fureurs, elle est permanente,
comme la misère et la corruption. La superstition et le fanatisme sont affaiblis ; mais en même

temps toutes les croyances se sont éteintes au cœur des hommes ; l'or est devenu leur dieu unique. Ils sont morts à tous les sentiments pieux , à toutes les affections saintes , à toutes les joies de l'âme. Depuis trois mille ans, les sociétés , sous toutes les formes , n'ont cesse d'être en proie à l'indigence , l'oppression , la fourberie , le carnage , d'où résultent la cupidité et l'égoïsme général.

Ces maux de toutes les époques sont encore accrus par quatre fléaux tout récents :

Le choléra-morbus, qui, de même que toutes les maladies contagieuses , ne sera extirpé que dans le système unitaire ;

L'intempérie continue, effet du déboisement ;

L'esprit révolutionnaire , stérile dans ses efforts ;

L'accroissement des dettes publiques et de l'agiotage.

Fléaux formant un cercle vicieux , car tous s'engendrent l'un l'autre , entretenant leur source commune , la misère, qui elle-même naît du morcellement industriel et de l'incohérence des intérêts.

La société entière , dans ses rapports exté-

rieurs et ses relations intimes, nous offre le
spectacle de la discorde et de l'anarchie. Nous
voyons, dans toute l'histoire, divisions et guerres
entre les nations; nous voyons la barbarie et
la civilisation dans un choc constant; et les
sauvages, troisième division sociale, armés
contre les deux premières; nous voyons chaque
société déchirée de guerres intestines, boule-
versée par les partis et les révolutions. Et si nous
approfondissons l'organisation intime des sociétés, le même spectacle d'anarchie et de violence
frappe nos regards : tous les intérêts sont divergents, contradictoires; chacun est forcé de
songer à soi, au détriment d'autrui; si un lien
d'association se forme, ce sont des intérêts coa-
lisés contre d'autres intérêts; riches et pauvres,
grands et petits, toutes les classes, toutes les
industries et tous les membres de chaque industrie sont en concurrence, en guerre, forment
des ligues, des coalitions, s'attaquent, se dé-
chirent et ne peuvent soutenir leur propre
existence qu'à ce prix.

« Partout, dit Fourier, on voit chaque
classe intéressée à souhaiter le mal des autres,
et l'intérêt individuel en contradiction avec

l'intérêt collectif. L'homme de loi désire que la
discorde s'établisse dans toutes les riches familles, et y crée de *bons procès ;* le médecin ne
souhaite à ces concitoyens que *bonnes fièvres et
bons catarrhes ;* le militaire souhaite une *bonne
guerre* qui fasse tuer moitié des camarades ,
afin de lui procurer de l'avancement ; le pas-
teur est intéressé à ce que la *mort donne,* et qu'il
y ait de *bons morts,* c'est-à-dire des enterrements
à 1,000 francs ; le juge désire que la France
continue à fournir annuellement quarante-cinq
mille sept cents crimes ; l'accapareur veut une
bonne famine qui élève le prix du pain au double
et au triple ; *item* du marchand de vin qui ne
souhaite que *bonnes grêles* sur les vendanges et
bonnes gelées sur les bourgeons ; l'architecte, le
maçon , le charpentier désirent un *bon incendie,*
qui consume une centaine de maisons pour activer leur négoce. »

Dans toutes les carrières sociales , chacun est
en rivalité et en jalousie avec autrui , et ne fait
son chemin qu'au préjudice de ses concurrents.

Si nous pénétrons plus avant, nous trouvons,
dans le support de la société , la famille, même
discorde , même anarchie : époux, enfants,

parents, frères, sœurs, trop souvent n'offrent
que divergence de sentiments et d'intérêts ; les
enfants sont victimes des querelles des époux,
des désordres des ménages ; les vieillards sont
à charge aux familles ; l'héritage qui procure
un bien au prix d'un mal corrompt l'âme en y
faisant naître des vœux contraires.

Dans une telle organisation où toutes les
passions sont nécessairement désordonnées et
subversives par le conflit des sentiments et la
contradiction des intérêts, en un mot où l'âme
est à rebours comme la société, la contrainte et
la violence peuvent seules maintenir un semblant d'ordre, et empêcher les hommes de se
voler, se combattre, se déchirer. Les sociétés
se sont formées comme au hasard, sans plan
régulier. Les sauvages, plus libres, plus heureux que les civilisés, sont enfants d'une nature
grossière ; ils possèdent la liberté, mais ignorent
les arts qui embellissent la vie. Les barbares
n'ont acquis quelque industrie qu'aux dépens
de leur liberté. Tous les peuples civilisés de
l'Europe ont été soumis aux barbares, ont
passé sous le joug de la conquête, ont été asservis et dominés par la force brutale. Nos lois,

nos mœurs, nos institutions continuent à en
porter le stigmate. Avec le temps, les classes
se sont jusqu'à un certain point confondues,
mélangées, maîtres et esclaves, conquérants et
conquis ; mais tous ensemble n'en sont pas moins
restés asservis à un ordre de choses basé primi-
tivement sur l'injustice et l'iniquité. De là, aucun
plan, aucune prévoyance dans l'organisation
des sociétés. Lois, mœurs, institutions ont été
vainement modifiées, renouvelées par le temps
et par les révolutions ; toujours elles se ressen-
tent de leur origine première. De là vient que
toute amélioration n'est qu'un palliatif ; que de
la destruction des abus naissent de nouveaux
abus, et que la civilisation tourne dans un cercle
vicieux où les maux engendrent les maux, sans
qu'aucune amélioration partielle puisse leur
donner issue. C'est ainsi qu'on voit le perfectionnement de l'administration en compliquer
les rouages et augmenter le nombre de ses
agents, consommateurs improductifs ; c'est ainsi
que la misère des populations accroît en proportion des prodiges de l'industrie, et la mendicité en mesure des secours qu'on lui accorde.
Les révolutions politiques faites au nom du

peuple aggravent sa misère, augmentent la dette
nationale, les charges publiques, par suite les
impôts, et donnent ainsi prétexte à de nouvelles
révolutions qui ne font toujours que rendre la
misère plus incurable et les révolutions plus
imminentes. La pénurie fiscale est ordinaire-
ment la source des révolutions ; si Louis XVI
n'avait pas dû quatre milliards, son règne se
fût peut-être passé avec tranquillité. Le commerce, faute de quarantaines générales, répand
et entretient sur tout le globe les pestes et toutes
maladies épidémiques. L'excès de culture, par
le desséchement des sources et le déboisement
des forêts, détériore le climat, et donne plus
d'intensité au froid et à la chaleur, dont les
deux excès sont également contraires à la santé
de l'homme et à la fertilité du sol. Enfin le progrès des sciences et la propagation des lumières
n'enfantent que le découragement, l'incrédulité, excitent l'ambition et toutes les convoitises ;
l'égoïsme et la cupidité trônent, sont les dieux
de l'époque ; le suicide est devenu la ressource
commune de toutes les désillusions, de tous les
désappointements. A mesure que les maux s'aggravent par suite même des perfectionnements

de la civilisation (développement industriel et propagation des lumières), la contrainte et la violence, qui constituent dans leurs bases toutes nos sociétés modernes, accroissent en même proportion et étendent leurs agents nuisibles et improductifs, gendarmes, espions, geôliers, en augmentent leur attirail, tribunaux, bagnes et prisons.

La liberté est le premier besoin de l'homme, son vœu le plus cher, le seul gage de son développement moral. Si l'homme est contraint, il se corrompt, il est malheureux. L'esclave est le plus corrompu des hommes; il n'a aucune sorte de moralité. Il ne s'étourdit de son malheur et ne se sauve de l'excès du désespoir que par l'abrutissement. Nous sommes tous plus ou moins contraints, plus ou moins esclaves: esclaves de nos besoins, et par conséquent de nos travaux; esclaves de nos passions en contradiction avec tout ce qui nous entoure; esclaves des préjugés, des lois, des institutions, qui nous captivent dès notre enfance, sont en guerre avec nos penchants, nous mettent dans une lutte perpétuelle avec nous-mêmes et la société, sans que nous sachions jamais, dans l'incertitude de

toutes choses, où est la justice, où est la raison.
Asservis à une sorte de fatalité, nous sommes entraînés au mal, forcés au bien, sans que notre volonté soit arbitre, sans que nous puissions discer-
ner le bien du mal. Tous les préceptes de conduite,
dictés par la morale, par la raison, par la philosophie, restent vagues, incertains, contradictoires ; toutes les notions du bien et du mal se
confondent dans l'application. L'homme ne
sent qu'une chose distincte, c'est qu'il n'est pas
libre ; la société entière le tient sous le joug, et
mille liens de servitude physique et morale
l'enlacent depuis sa naissance jusqu'à sa mort.
Combien de créatures humaines passent leur
vie entière enchaînées à des travaux, à des ha-
bitudes diamétralement contraires à leurs goûts,
à leurs penchants ! combien chez qui la faculté
de penser n'a pu même se développer, chez qui
la pensée a été totalement stérile ; qui, avec
l'amour des choses généreuses et du dévouement, n'ont pu être généreuses, ni dévouées !
La pensée même et le sentiment peuvent être
tellement comprimés, étouffés, qu'ils meurent
sans avoir jamais pu éclore. La contrainte et
l'esclavage de l'homme social se révèlent sur-

tout dans les masses, dans les dix-neuf vingtièmes des populations civilisées, qui, courbées
sous le poids du travail, condamnées à toutes
les misères et à toutes les privations, n'ont véritablement ni le corps, ni l'esprit, ni la pensée
libres, et ne peuvent, comme la plante attachée
au sol, que croître, végéter et mourir.

Encore ces lois, mœurs, institutions qui prétendent façonner les hommes et les assortir au
monde civilisé, tout l'attirail de bourreaux,
gibets, prisons, ont-ils atteint le but des moralistes, des législateurs, ou plutôt des conquérants barbares qui, les premiers, les impo-
sèrent aux sociétés? parviennent-ils à contenir
les passions subversives, à maintenir l'ordre
social? Non; le travail est forcé, l'obéissance
est forcée; chacun, mécontent de sa position,
n'a d'idée que de s'y soustraire; les passions sont
plus implacables par la contrainte et les obstacles; les crimes redoublent par les châtiments.
Aujourd'hui surtout, l'impatience a gagné tous
les esprits. C'est une inquiétude générale, une
révolte sourde contre toute contrainte, toute
oppression. On est las de souffrir; chacun veut
sa part de jouissances, la morale, la législation

sont aux abois, les trônes vacillent, le sacerdoce
est ébranlé, les riches s'effrayent; les masses,
dont la soumission est le seul gage de tranquillité, ne supportent plus qu'en frémissant le
fardeau de toutes les fatigues, de toutes les
corvées; les passions débordent, les pouvoirs
s'écroulent, et la société entière menace d'une
prochaine dissolution.

Ce que les hommes veulent, ce qu'ils ont
voulu dans tous les temps et tous les pays, sans
en avoir même une idée précise, sans être capables de le définir, c'est la *liberté*, c'est l'*aisance*, c'est l'*égalité des droits*. C'est l'emblème
des partis et des sectes les plus opposés. Sparte,
Athènes, Rome, armant leurs milliers d'esclaves, combattaient pour la *liberté :* ce fut le cri
de ralliement de toutes les républiques anciennes et modernes qui ne la possédèrent jamais;
ce fut la base des théories philosophiques de tous
les siècles. Aujourd'hui, dans les pays constitutionnels, on prétend que tous *les hommes sont
égaux devant la loi; qu'ils sont libres par la garantie que la loi assure aux droits de tous.*

Mais ce ne sont là que des mots tant que le
législateur n'assure pas aux masses le *minimum*

ou nécessités de la vie, ou du moins le droit au travail. Sans ce droit, il n'y a point de liberté ; le salarié de nos pays libres est aussi assujetti que l'esclave ou le serf attaché à la glèbe. La société, dite civilisée, est même organisée de sorte à ne pouvoir, nonobstant les progrès de l'industrie, assurer aux masses le droit au travail, le *minimum,* et encore moins l'aisance, qui cependant peuvent seuls engendrer l'ordre et la liberté. C'est en approfondissant le mécanisme social qu'il nous sera démontré qu'il ne renferme en lui-même aucune issue à la misère et à l'oppression. Cet examen fera l'objet du chapitre suivant.

CHAPITRE III.

Economie sociale.

La loi, comme la société même qu'elle garantit, est basée sur la propriété, elle est tutélaire et bienfaisante pour tous ceux qui possèdent; mais elle n'assure aucun droit, ne garantit aucun bien à ceux qui ne possèdent pas. Or, dans l'état le plus avancé de la civilisation, environ les dix-neuf vingtièmes de la société ne possèdent pas. Dès lors que fait à la masse, à la classe la plus pauvre et la plus nombreuse, au peuple proprement dit, une égalité prétendue devant la loi? Que lui fait une prétendue liberté sociale, quand il ne possède point la liberté corporelle, qu'il est courbé sous le poids des besoins et d'un travail journalier qui abrutit l'intelligence et use les forces? Que devient pour lui le principe chrétien de charité universelle, régissant prétendûment les sociétés, quand il est nu, misérable, qu'il n'a point de pain à donner à ses enfants, et qu'il a sous les yeux les somptueux hôtels, les magnifiques équipages, les riches vêtements, les mets exquis des classes supérieures? Que lui importent les merveilles des arts, des sciences et de l'industrie, quand son corps et son esprit restent également privés au milieu des produits du luxe et des trésors de l'intelligence? Leur vue ne fait que l'affamer, que l'irriter, le pousser à la convoitise et au crime : n'est-il pas mille fois plus malheureux que le sauvage qui s'empare de ce qu'il désire, jouit du droit de pêche, de chasse, de cueillette, de pâturage, de ligue intérieure, de vol extérieur; qui prend une compagne sans souci du lendemain, et ne s'inquiète pas du sort de ses enfants? car l'éducation n'est pas coûteuse dans la vie des bois, et l'existence y est assurée par le libre exercice des droits naturels! La société a tout ravi à l'homme, s'est emparée, dans les contrées où elle a porté la civilisation, de tous les produits de la terre, des eaux, et de l'air même; elle a frustré l'homme de ses droits naturels, des droits du sauvage, droits divins, sans lui rien offrir en compensation que la garantie des lois, illusoire pour celui qui ne possède pas. L'homme vient au monde plus nu, plus misérable que l'animal; il a moins d'instinct pour se conduire. Dans l'état sauvage, son instinct se développe, et la nature lui fournit les moyens de subsistance. Dans l'état de société, il vient également au monde nu et misérable, ne peut s'abandonner à son instinct et ne trouve point de moyens naturels d'existence, puisque la société s'est emparée de tous et le frustre de ses droits. Ne serait-il pas d'une justice rigoureuse que la société lui donnât un dédommagement équivalent à la perte des droits naturels? N'est-ce pas pour elle un devoir sacré d'assurer à tous ses membres le *minimum*, le droit au travail et l'éducation ou développement des facultés qui rendent l'homme apte à participer aux bienfaits des arts, des sciences et de l'industrie, cachet de la civilisation?

Il n'en est rien dans l'état actuel. La classe la plus nombreuse, asservie, par le besoin, à tous les travaux pénibles et grossiers, n'est pas même assurée, pour prix de ses fatigues, de travail ni de pain pour le lendemain; elle n'a aucun moyen d'éducation pour les enfants, pas même de soins physiques. Quand une mère pauvre n'a pas de lait pour son enfant, qui donc le lui donnera? quand elle doit aller vaquer aux travaux qui lui procurent la subsistance, qui donc le soignera? Les pauvres petits meurent par milliers, faute de soins dans la première enfance; et s'ils grandissent, qui leur donnera les notions morales, le développement des facultés, l'apprentissage d'un métier? Tout est abandonné au hasard. Hommes, femmes, enfants, vieillards, malades, infirmes, devenez ce que vous pouvez. La loi garantit des droits imaginaires de liberté, d'égalité; mais elle ne garantit ni le travail, ni le pain quotidien, ni l'éducation, ni secours, ni appui pour l'enfance, pour la misère, les maladies, la vieillesse. Si nous voyons des dépôts de mendicité, des hôpitaux, ce n'est point par mesures préventives, par le sentiment de ce que la société

doit à chacun de ses membres, mais par égoïsme,
par mesure de conservation, par protection
pour le riche; car, enfin, on ne peut laisser les
petits enfants, les malades, les infirmes, les
mourants geindre dans les rues, étaler les plaies
de leur misère, crier la faim et crever sous les
yeux des passants. Force est bien à la société
de déblayer les voies publiques, d'ouvrir quelques asiles à ces malheureux, de les entasser
comme des animaux, en même temps qu'elle
les utilise pour la science; en un mot, de pal-
lier la misère hideuse qu'elle ne sait ni prévenir, ni effacer.

La charité publique s'émeut aisément quand
la sécurité du riche est menacée. C'est ainsi que,
dans le temps du choléra à Londres, la morta-
lité fut moins grande parmi les indigents qu'en
temps ordinaire, à cause des secours qu'on leur
prodigua. La peste faisait moins de ravages que
la faim. En résumé, voici le fait général : les
deux tiers des populations vivent dans un état
précaire de misère et de souffrance; la société
ne s'en inquiète point, ne s'en informe point :
ou, si elle s'en émeut, c'est pour réprimer,
punir, châtier des misérables qui, n'ayant rien

reçu de la société, ni soins physiques, ni notions morales, ni moyens de subsistance, ne lui doivent rien et ne devraient pas être passifs de ses lois. La liberté pour le peuple, c'est de mourir sur un grabat, abandonné comme un chien. L'égalité, c'est d'aller pourrir en terre près de son semblable.

La misère est le problème actuel qui préoccupe tous les esprits élevés, toutes les âmes généreuses. Pourquoi la misère réside-t-elle au sein de la société civilisée? n'encourage-t-elle pas les travaux de l'agriculture? ne fait-elle pas honneur aux classes laborieuses? La misère n'est point dans le vœu des gouvernants, elle n'est point dans le code des lois, elle n'est point dans l'intérêt des riches. Pourquoi y a-t-il des misérables? La richesse n'est-elle pas là pour que chacun la saisisse suivant son labeur? Ne voit-on pas des pauvres qui acquièrent l'aisance, et même qui deviennent millionnaires? Les voies d'industrie sont ouvertes à tous, il y a libre concurrence; n'est-ce point ainsi qu'il faut interpréter la sage égalité devant la loi? Elle ne protége, à la vérité, que ceux qui possèdent; mais elle permet à tous de posséder. Elle brise les chaînes, elle rompt les entraves qui séparaient les hommes en diverses castes ; elle donne droit à tous de participer aux lumières, aux richesses générales.

Effectivement, l'on voit de constants bouleversements dans les fortunes ; les uns s'enrichissent, les autres se ruinent ; c'est une fluctuation perpétuelle des richesses qui passent de mains en mains. Sous ce rapport, la loi est rigoureusement juste ; elle ne garantit aucune classe contre la pauvreté, et se contente de protéger la propriété dans quelques mains qu'elle se trouve. Seulement, en résultat, la masse des misérables reste la même ; il y a vicissitudes dans les fortunes, secousses, bouleversements ; ce ne sont pas toujours les mêmes hommes qui jouissent au détriment des autres, mais toujours la société offre, en définitive, le même spectacle de quelques privilégiés regorgeant de richesses, de la classe moyenne qui végète et languit, et des deux tiers de la population, ne connaissant de la vie que les souffrances et les privations. On est tenté de se demander, à l'aspect de cette classe sacrifiée qui, sous le nom d'esclaves, de serfs, ou de peuple, a existé dans tous les temps et tous les pays , si la misère n'est point un vice organique dans la création même , si la terre fournit aux besoins de tous , si l'industrie est capable d'y satisfaire; en un mot , si la population ne déborde tellement la totalité des produits qu'il ne soit dans la loi de Dieu même que les hommes , ainsi que les animaux , ne puissent vivre qu'aux dépens les uns des autres, que les enfants du peuple ne soient emportés au berceau par milliers , que la misère , lèpre permanente , ne les gangrène et dévore à tout âge , et qu'enfin la guerre et la peste ne déciment à la fois riches et pauvres , enfants et vieillards.

Le doute seul est un blasphème envers Dieu ; c'est tenter de le rendre auteur des iniquités humaines , tandis que la moindre observation nous atteste les bienfaits immenses de la Providence. Jetons un regard sur la terre , nous la voyons aux trois quarts dépeuplée , appelant les bras des hommes pour les enrichir de ses produits. Des pays , comme le nord-est en Afrique, autrefois magasins du monde , aujourd'hui abandonnés aux Barbares, sont presque incultes et déserts. Les pays les plus fertiles , comme

l'Italie , l'Espagne et les Indes orientales , où
la terre produit presque d'elle-même , où une
nature luxueuse et féconde accorde spontanément ses bienfaits , entravés par des gouvernements égoïstes , nous apparaissent engorgés de
produits qui moisissent dans les greniers , en
face de populations misérables et clair-semées.
Nous voyons d'autres nations , comme la Russie et la Pologne , où des terrains immenses
restent sans culture , où la misère accable les
populations au milieu de l'abondance , où tous
les travaux languissent par le vice de l'esclavage.
Dans les pays les plus avancés en agriculture et
en industrie , la France , la Belgique , l'Angleterre , l'Autriche , la Prusse , les États-Unis ,
il reste à faire d'immenses progrès en culture et
dans toutes les branches d'industrie , et nous
voyons ces pays prospérer en rapport de leur
population , en rapport des bras qu'ils occupent
au travail. C'est ce qui a eu lieu dans tous les
temps et dans toutes les contrées : la prospérité
et la richesse des nations croissent proportionnellement à la population , et cette dernière
afflue en raison directe de la protection accordée par les lois , des vues sages des gouverne-

ments et de la direction salutaire imprimée aux travaux.

Loin donc que la population déborde la terre, les bras manquent aux trois quarts du globe ; partout la terre produit en proportion aux travaux de l'homme , et par conséquent à ses besoins ; les progrès dont restent susceptibles l'industrie et l'agriculture , par l'association et les découvertes , sont incalculables , même dans la petite partie du globe qui est cultivée et peuplée. Nulle part la population ne regorge ; dans les îles Britanniques , par exemple , où l'Irlande, l'Écosse et même l'Angleterre offrent des parties incultes et presque désertes ; en France et en Belgique , où les villages et les villes sont clair-semés , où des landes et des bruyères appellent des colonies intérieures et ne demandent que le bras de l'homme pour se transformer en contrées riantes , couvertes de riches cultures.

Et cependant, dans ces mêmes pays où la richesse relative est le produit des travailleurs ; tandis que de vastes terrains restent incultes et déserts , faute de bras , des esprits éclairés se plaignent de l'excès de population , la consi-

dèrent comme un fléau, comme source d'une
misère qui va toujours grandissant ; on les voit
chercher les moyens de l'arrêter, la faire décroître, principalement chez la malheureuse
classe ouvrière, qui, vivant au jour le jour, ne
peut subvenir aux soins d'une famille, n'a pas
de quoi élever des enfants, ni se soutenir elle-
même dans la vieillesse. Effectivement, singulière anomalie dans une société où d'immenses
travaux appellent le bras des hommes et qui ne
prospère que par sa population, où la richesse
regorge, où la terre fournit abondamment pour
tous, et, dans ses productions rares, est sup-
pléée par l'industrie et le commerce ; dans cette
même société, une classe nombreuse, la classe
même d'ouvriers et d'agriculteurs, la plus utile
et la plus laborieuse, languit dans la misère,
devient une charge énorme quand elle tombe
dans la classe des mendiants ou bien des malheureux repris de justice, et menace de débor-
der la société (en Angleterre), de la changer en
un vaste dépôt de mendicité, ou bien en une
caverne de voleurs, par le fléau toujours croissant d'une masse d'enfants excédant les moyens
de chaque famille pauvre, et devenant ainsi

une nouvelle charge à un gouvernement déjà obéré par une immense dette nationale. Londres seul contient deux cent trente mille mendiants, vagabonds, filous et gens sans aveu. Un secours annuel de près de 200 millions n'empêche pas que le pays ne fourmille d'ouvriers sans pain, émigrant par milliers. A Liverpool, le nombre des pauvres s'élève au tiers de la population, vingt-sept mille indigents sur quatre-vingt mille ; et cependant Liverpool est au nombre des cités opulentes, le commerce maritime y est en pleine activité. M. Huskinson, en 1826, dénonça à la chambre des communes la pauvreté des enfants, *qu'on fait travailler à coups de fouet, dix-neuf heures par jour, à cinq sous et demi.* L'assemblée des maîtres ouvriers de Birmingham déclare : « Que la frugalité de l'ouvrier ne peut pas le mettre à l'abri de la misère ; que la masse des salariés agricole est nue ; qu'elle meurt réellement de faim dans un pays où il existe surabondance de vivres. »

La pétition de Boorislon en Irlande, en 1835, dit que cette paroisse, sur onze mille six cent soixante et onze habitants, en a sept mille huit cent quarante réduits à huit deniers par jour

(deux sous de France) ; quatre mille sont dé-
nués des vêtements les plus nécessaires ; neuf
mille huit cent trente-huit n'ont aucune espèce
de lit et couchent sur la paille ou le jonc, la
plupart sur la terre.

En France, le mal est le même, quoique
moins saillant, par une moindre inégalité
dans les fortunes, et un plus vaste territoire
qui permet aux misérables de se disséminer.
Lyon offre, concentrés et ostensibles sur un
point, les maux éparpillés et cachés dans le
reste du pays. Paris, semblable à Londres dans
son opulence vaine et sa déplorable misère,
renferme en son sein cent soixante-dix mille
pauvres, dont moitié est à la charge des comités
de bienfaisance.

D'après cet aperçu, n'est-il pas évident que
la société humaine, dans son organisation intérieure et dans ses relations extérieures, présente l'image du chaos, et que l'association du
genre humain dans une loi *unitaire* peut seule
régulariser le monde, y faire naître l'ordre et
l'harmonie ? Tant que les nations différeront de
lois, de mœurs, de langages, et se feront la
guerre, comment les peuples pourront-ils se

disséminer par tout le globe ? Comment la terre entière pourra-t-elle devenir cultivée et habitée ? Tant que les sociétés n'offriront dans leur sein que morcellement et incohérence , comment la richesse pourra-t-elle être répartie équitablement, et la production devenir proportionnelle à la consommation ? Jusque-là on voit les populations amoncelées dans quelques capitales , quelques villes industrielles, quelques points fertiles et commerçants, se nuire , se déchirer, s'écraser par leur entassement , tandis que le reste du pays est clair-semé de population , et que des contrées entières sont désertes. On voit , dans les campagnes florissantes, la misère ; on voit, dans les villes, la misère et le luxe écrasant. On voit toutes les carrières sociales regorger de produits , sans trouver de consommateurs , de débouchés. Les talents languissent, faute d'emplois ; la richesse sociale reste exubérante ; la richesse même est cause de misère. C'est un phénomène curieux à étudier et qui suffit à faire apprécier toute la fausseté du mécanisme social.

Dans toutes les professions , depuis les plus humbles jusqu'aux plus élevées, ce que chacun

5.

demande , c'est un plus large emploi de ses facultés , du travail et de l'avancement. On prêche beaucoup contre les oisifs , mais ce n'est point dans l'oisiveté que consiste le plus grand mal ; les oisifs volontaires sont peu nombreux , la grande majorité appelle le travail. L'ouvrier, l'artisan , le cultivateur demandent de l'ouvrage ; l'artiste , le médecin , l'avocat désirent la clientèle ; l'industriel veut des commandes , le marchand attend des pratiques ; les femmes, les enfants, les vieillards ne demanderaient pas mieux que de s'utiliser. Ce n'est pas que le travail en civilisation soit attrayant, il s'en faut de beaucoup ; les trois quarts des travaux sont pénibles , grossiers , abrutissants. Toute profession en civilisation est pénible , par cela seul qu'elle offre un travail continu , monotone et forcé ; d'un autre côté, s'il n'était forcé par le besoin , la nécessité , personne n'y voudrait consentir. Le mécanisme social est tel que , depuis les plus petites fortunes jusqu'aux plus grandes , tout le monde est en quelque manière forcé à travailler pour vivre , pour soutenir son rang. L'affaire de vivre , de gagner , d'amasser, de conserver ou d'accroître sa fortune est néces-

sairement le premier soin de chacun. Ni riches,
ni pauvres ne peuvent s'y soustraire. La vie est
très-coûteuse en civilisation ; les objets de première nécessité sont déjà chers et hors de proportion avec le salaire de l'ouvrier. Dans toutes
les classes , les désirs sont excités par les jouissances des classes supérieures, et chacun cherche
à élargir le cercle de sa fortune. D'ailleurs,
quand on a une famille à élever , à soutenir , à
établir , aucune fortune ne suffit, on est poussé
à toujours l'agrandir. C'est ainsi que les besoins
de la civilisation rendent à tous *la vie matérielle*
une préoccupation constante de l'esprit ; ils font
naître nécessairement la cupidité , comme la
concurrence fait naître l'égoïsme ; la cupidité
et l'égoïsme deviennent même vertus. Il faut de
l'or , et il faut songer à soi, c'est un devoir. La
société est comme une immense arène où chacun
se pousse , se culbute ; malheur à qui tombe !
il sera écrasé. Le but de la lutte, d'un combat
permanent , c'est l'or : il en faut pour tout ;
non-seulement pour se nourrir, se vêtir, s'abri-
ter , mais encore pour les actions généreuses ,
pour l'accomplissement des nobles pensées.
Prenez garde d'avoir du génie , de faire quelque

sublime découverte ; si vous n'avez de l'or , vous resterez étouffé dans la foule. Prenez garde d'être bienfaisant , d'être bon , si vous n'avez de l'or ; car les paroles sont vides quand un ami est dans le besoin , et les plus nobles sentiments restent stériles , si on ne peut les faire suivre d'effets qui , en résultat , doivent être vulgairement aidés de la bourse. Gardez-vous de devenir époux et père si vous n'avez de l'or, car rien de si triste qu'un ménage gêné et privé ; rien de si coupable que le père qui n'assure point l'éducation et l'avenir de ses enfants. Il en est ainsi de tous les actes de la vie sociale : affections , facultés , sentiments ne se manifestent que par l'or ; l'or ne sert pas seulement aux jouissances , mais il permet la vertu , il devient la vertu même. Égoïsme et cupidité , c'est le cachet de la civilisation , nul ne peut s'y soustraire.

C'est pour sentir le prix et la nécessité de la fortune, que, nonobstant la répugnance au travail , chacun demande emploi à ses facultés , implore le travail , la pratique , la clientèle , la commande. C'est une double contrainte que la société exerce incessamment sur tous ses membres : contrainte de la loi, contrainte du besoin. La loi réprime, le besoin assujettit. Le besoin est le plus puissant ressort de la civilisation, puisqu'il force au travail sans lequel la société civilisée ne pourrait se maintenir. Nous sommes tous des galériens attachés au boulet, mais l'habitude nous façonne tellement au joug et au travail répugnant, que la plus haute ambition de la majorité est non pas de s'exempter, mais de trouver du travail. Et, singulière bizarrerie, c'est la grande difficulté de l'ordre social. Il semblerait vraiment, au premier abord, qu'il y eût plus de travailleurs que de besoins, plus de produits que de besoins, plus de facultés, de talents que de besoins, car les travailleurs chôment faute d'ouvrage, les produits engorgent les magasins faute de débouchés, les talents languissent, se flétrissent faute d'emploi. Et cependant, en face, en regard de cette exubérance des richesses, la classe la plus pauvre et la plus nombreuse se meurt de privations et de besoins. Par la modicité du gain et l'excès de la misère, elle ne peut participer aux jouissances du luxe, ni se procurer même les objets de nécessité. La misère de cette

classe appauvrit le corps social entier, entrave
la circulation des richesses et nuit à la production. Par le seul fait que cette classe goûterait
l'aisance et pourrait offrir des débouchés aux
produits, de la pratique et de la clientèle à
toutes les professions, la société entière se
trouverait plus à l'aise et enrichie.

Il est aisé de concevoir qu'une société bien
ordonnée devrait offrir le spectacle de tous ses
membres à la fois producteurs et consommateurs, rétribués équitablement chacun selon son
apport de *capital*, *travail*, *talent*, échangeant
leurs produits, à l'aide d'un signe unitaire
représentatif et s'offrant ainsi mutuellement les
uns aux autres des débouchés certains par un
gain et une consommation réciproques. C'est le
principe le plus simple d'économie sociale, et
cependant il reste irréalisable dans la société actuelle, par le système d'incohérence dans les
travaux et de morcellement dans les ménages,
engendrant une foule d'agents improductifs, qui
forment au moins les deux tiers de la population.
C'est la source incessante de misère, de corruption et de désordre.

Pour que tous les membres du corps social

fussent à la fois producteurs et consommateurs, il faudrait que tous fussent travailleurs
productifs; or la société est organisée de telle sorte
que la grande majorité de ses membres travaille
improductivement, ou même nuit et porte dommage par ses travaux. J'ai déjà avancé qu'il y
a peu d'oisifs volontaires, de rentiers qui ne
s'occupent que de leurs plaisirs. Ils sont en trop
petit nombre pour causer un grand préjudice,
et d'ailleurs ils se rendent utiles par le seul placement de leurs capitaux. La vraie plaie sociale,
engendrant l'extrême inégalité des fortunes, le
luxe effréné et la misère hideuse, ce sont les
travailleurs improductifs, destructifs, pernicieux et nuisibles, dont la plupart vivent non-
seulement aux dépens du corps social qu'ils
empestent, mais encore donnent exemple de
ces fortunes subites et colossales décourageant
les travailleurs laborieux, qui rarement élèvent
leur sort au-dessus de la médiocrité. Au premier
rang des professions inutiles et destructives,
nous plaçons les armées : on dira qu'il en faut
pour défendre le pays des agressions étrangères.
Oui, dans l'état actuel; mais peut-on croire
que la lutte sanglante des nations, les combats

acharnés entre les hommes, les armées permanentes, qui n'ont de but que la destruction,
soient dans les destins providentiels de l'humanité, et que cet état de choses n'aura pas de
terme? Bien loin de le penser, considérons plutôt les horreurs de la guerre et l'entretien écrasant des armées, comme des voies indiquées
aux esprits sages pour sortir de la civilisation
en cherchant à tout prix un ordre social où les
armées destructives se changeront en armées
industrielles, qui se répandront sur la terre
pour l'embellir et la féconder dans toutes ses
parties. Quoi qu'il soit de cet avenir, contentons-
nous aujourd'hui de poser le fait de l'élite de la
jeunesse la plus robuste, la plus vigoureuse,
arrachée aux travaux de l'agriculture et de l'industrie, pour devenir une charge aux travailleurs, et dont les exercices et les fatigues sont
purement improductifs en temps de paix, et en
temps de guerre purement destructifs.

En seconde ligne d'emplois inutiles, dépen-
sant en pure perte les bras, les talents, les facultés, vient la foule de commis, d'agents,
d'employés dans les diverses administrations,
le commerce, le fisc, les douanes, les tribunaux.

Les seuls agents du commerce, marchands, négociants, banquiers, agents de change, intermédiaires improductifs qui achètent et reven-
dent, basant leurs opérations sur la fraude, le
monopole, l'usure, l'agiotage, pourraient aisément être réduits au dixième, ainsi que les
agents de transport. Le commerce entier est
basé sur un système mensonger. Ce ne sont point
le talent et la probité qui y conduisent à la fortune; tout y est hasard, ruse, filouterie, chance
de hausse et de baisse, jeu de bourse. Ce n'est
plus concurrence, c'est écrasement réciproque. Le commerce n'est qu'un perpétuel agiotage qui abîme l'agriculture et l'industrie. On
a vu des maisons de banque gagner quatre-
vingts millions en un an. Combien de malheureux ruinés par contre-coup! Le commerce, tel
qu'il est constitué, n'offre qu'injustice, fourberie, iniquité; les plus honnêtes sont entraînés
à la fraude, sont menacés de la honteuse banqueroute. L'agiotage forme un second pouvoir
dans l'État, tenant le gouvernement sous son
influence immédiate; il est le moteur indirect
des troubles, révoltes, commotions politiques.
C'est un corps purement parasite, qui attire à

lui la meilleure substance. Le nombre de ses
agents accroît, chaque jour, par les chances du
gain ; de sorte que la corruption attachée au
commerce accroît en même proportion. Toutes
les tentatives d'association de l'agriculture et de
l'industrie sont entravées par les menées de l'a-
giotage. Le crédit et la confiance se perdent par
le commerce, qui devrait les baser. La société
croulera par le commerce mensonger, tenant
l'industrie et l'agriculture dans un état constamment précaire, attirant à lui tous les capitaux, menaçant les gouvernements, aggravant,
par ses secours intéressés, la dette et les charges
publiques, dépravant les mœurs et les institutions ; la société croulera si elle ne lui substitue
le mode véridique indiqué par Fourier et
ressortant naturellement du système sociétaire.

Les tribunaux sont nommés, à juste titre,
un antre de chicanes. La loi se plie à toutes les
interprétations, se prête à tous les détours :
d'ailleurs, quel droit la société a-t-elle, dans son
organisation vicieuse, de juger, de condamner ?
quelle éducation donne-t-elle à ses membres ?
quelles sont ses mesures préventives pour em-

pêcher la misère et le désespoir? quel est son
criterium des passions? Le joueur, l'ivrogne, le
tartufe, le débauché, l'adultère, le faussaire,
l'usurier, le banqueroutier échappent à la vin-
dicte des lois, s'ils se contentent de ruiner et
déshonorer les familles, sans donner sur eux
prise judiciaire; et le malheureux qui aura été
leur victime, s'il se venge ou si, par excès de
misère, il vole, il sera puni, marqué, flétri,
envoyé aux galères, à l'échafaud. Que d'inno-
cents punis, que de coupables qui échappent!
Sait-on à quel point l'homme vertueux peut
être entraîné fatalement, et comment le scélé-
rat peut se mettre au-dessus des lois? sait-on
combien il y a de nuances dans le crime, et comment le criminel peut narguer les tribunaux et
étaler impunément sa bassesse et son atrocité?
A-t-on calculé comment on peut voler, ruiner,
déshonorer, calomnier, assassiner hautement,
à front découvert, sans être passible des lois?
Tout le système de justice sociale est un amas
d'iniquités. Dieu seul a le droit de juger et de
punir; la société ne l'a point : c'est elle-même
qui, par ses mœurs, ses lois, ses institutions,
engendre tous les vices et tous les désordres qui

la troublent. Elle n'a pas la possibilité de punir et châtier justement, car il faudrait supposer les juges capables d'une perspicacité divine pour pénétrer les pensées, remonter aux causes, distinguer les mille nuances qui confondent vices et vertus, passions généreuses ou subversives. La justice humaine ne peut jamais être qu'égarement et mensonge. La société n'a qu'un droit, c'est de traiter les prétendus criminels, ceux qui troublent son repos, qui nuisent à autrui, comme des malades, des aliénés, avec toute sorte de soins et un régime moral ; car les méchants ne sont que des malheureux poussés au mal ou privés de raison : ils peuvent exciter la pitié, mais jamais la vengeance dans l'être abstrait qu'on nomme société. Quand la justice humaine ose punir, flétrir, tuer, elle offense la justice divine et méconnaît ses lois toutes de bonté et d'amour.

Les tribunaux sont comme les armées, comme le commerce, comme les diverses administrations, le fisc, les douanes, des nécessités dans l'ordre actuel, prouvant, par leurs abus inévitables, le cercle vicieux de la civilisation, employant des armées d'agents improductifs qui, dans l'ordre sociétaire, se réduiront au dixième, et se transformeront en agents productifs. Aujourd'hui, ils vivent aux dépens de l'agriculture et de l'industrie, qu'ils n'assistent point, qu'ils imposent sans leur rien rendre en compensation, ou, pour mieux dire, à qui ils portent entrave et suscitent journellement mille obstacles, mille dégoûts.

Parlerons-nous des agents de police, agents secrets, des espions, immondice sociale, dont l'égout accroît en mesure des progrès de la civilisation? parlerons-nous des intrigants de tous genres, des escrocs, chevaliers d'industrie, des courtisanes de haut et bas étage, des mendiants valides, de cette foule qui n'a ni emplois licites, ni moyens d'existence, et qui vit cependant par quelque trafic caché, quelque métier infâme, source permanente de corruption et de désordre? On comprend, par cette peinture bien insuffisante, comment les travailleurs productifs sont écrasés par la masse des industries inutiles, destructives et nuisibles; on comprend l'impossibilité absolue, dans l'ordre civilisé, de remédier à cet état de choses. Comment simplifier à la fois les rouages de toutes les admi-

nistrations, le commerce, le fisc, les douanes?
comment réformer les tribunaux, les prisons?
comment résoudre le problème de l'application
des armées aux travaux publics? et surtout,
comment empêcher la corruption effrayante des
mœurs provenant des institutions, du mécanisme social, et achevant de le gâter, de le
dissoudre? Loin de remédier à la corruption
et de prétendre l'extirper, la civilisation l'orga-
nise, l'arrange, l'ordonne, lui donne un code
de lois spécial; elle en use avec les vices immondes comme avec les autres infirmités sociales; elle pactise avec eux, entre en accom-
modement, leur fait leur part, à condition de
conserver une certaine surveillance, de garantir
de leurs miasmes fétides les privilégiés. Aux espions, les fonds secrets; à la débauche, les
maisons tolérées; aux enfants trouvés, aux infirmes, aux vieillards, les hôpitaux; aux criminels, les prisons, les bagnes, l'échafaud,
aux malheureuses filles du peuple, entraînées
dans le gouffre d'une effroyable dépravation,
les prisons, les hôpitaux : mais pas un seul établissement de prévoyance, pas un asile, pas un
refuge, pas un secours, pas une seule institu-

tion préservatrice lorsqu'une malheureuse jeune
fille s'arrête devant l'abîme, recule d'horreur,
et cherche avec désespoir une branche de salut.
Des jeunes filles de onze ans sont vouées à une
vie infâme par l'excès de la misère ; des jeunes
filles pures n'ont consenti à l'infamie qu'après
avoir enduré trois jours la faim et le froid (*).
Maudite soit la civilisation qui enfante de telles
horreurs et n'y cherche point le remède !

Hôpitaux, prisons, bagnes, échafauds,
gendarmes, police secrète, voilà ses remèdes,
voilà les bases des sociétés civilisées ; voilà,
en regard des sciences, des arts, de l'industrie, ce qu'elle possède de 'plus que
les sauvages et les barbares. Quant à extirper
les maux, les vices qui les nécessitent, prendre
des mesures préventives de la misère et des
crimes qu'elle enfante, trouver l'issue de cet
ordre de choses qui n'est qu'un cercle d'iniquités
se soutenant les unes par les autres, c'est à quoi
philosophes, législateurs, moralistes, philanthropes ne songent point ; leurs bienfaits se
bornent à améliorer les prisons, les hôpitaux,

(*) Parent-Duchatelet.

les bagnes, et non pas à en renverser le système
destructeur et à organiser un nouveau monde
où il ne faudra ni hôpitaux, ni bagnes, ni prisons. Un homme seul a voulu, non pas améliorer des choses iniques en elles-mêmes, mais
réédifier un monde où toutes les institutions
soient préventives des maux, des vices, des
crimes, et rendent de la sorte inutile toute mesure répressive ; cet homme, c'est Fourier.

Écoutons sa parole éloquente.

« Nations civilisées ! tandis que les barbares,
privés de vos lumières, savent maintenir, pendant plusieurs mille ans, leurs sociétés et leurs
institutions, pourquoi les vôtres sont-elles anéan-
ties si promptement, et souvent dans le même
siècle qui les a vues naître? Toujours on vous
entendit déplorer la fragilité de vos œuvres, et
la cruauté de la nature, qui fait écrouler si rapidement vos merveilles. Cessez d'attribuer au
temps et au hasard ces bouleversements ; ils
sont l'effet de la vengeance divine contre
vos criminelles sociétés, qui n'assurent point
à l'indigent des moyens de travail et de subsistance. C'est pour vous amener à l'aveu de
votre ignorance que la nature promène le

glaive sur vos empires et se plaît à leurs décombres.

» Je veux être un moment l'écho de vos élégies politiques : que sont devenus les monuments de l'orgueil civilisé ? Thèbes et Babylone, Athènes et Carthage sont transformées en monceaux de cendres ; quel pronostic pour Paris et Londres, et pour ces empires modernes dont les fureurs mercantiles pèsent déjà à la raison comme à la nature ! Fatiguée de ces sociétés, elle les renverse tour à tour, elle persifle indistinctement nos vertus ou nos crimes ; les lois réputées pour oracles de sagesse, et les codes éphémères des agitateurs, nous conduisent également aux naufrages politiques.

» Pour comble d'affronts, nous avons vu la législation grossière de la Chine et de l'Inde braver, pendant quatre mille ans, la faux du temps, lorsque les prodiges de la philosophie civilisée ont passé comme l'ombre. Nos sciences, après tant d'efforts pour consolider les empires, semblent n'avoir travaillé qu'à fournir des jouets au vandalisme, qui renaît périodiquement pour détruire en peu de temps les travaux de plu- urs siècles.

» Quelques monuments ont survécu, mais pour la honte de la politique. Rome et Byzance, autrefois capitales du plus grand empire, sont devenues deux métropoles de ridicule : au Capitole, les temples des Césars sont envahis par les dieux de l'obscure Judée ; au Bosphore, les basiliques de la chrétienté sont souillées par les dieux de l'ignorance. Ici, Jésus s'élève sur le piédestal de Jupiter ; là, Mahomet se place sur l'autel de Jésus. Rome et Byzance, la nature vous conserva pour vous dévouer au mépris des nations que vous aviez enchaînées; vous êtes devenues deux arènes de mascarades politiques, deux boîtes de Pandore, qui ont répandu à l'Orient le vandalisme et la peste, à l'Occident la superstition et ses fureurs. La nature insulte, par votre avilissement, au grand empire qu'elle a détruit : vous êtes deux momies conservées pour orner son char de triomphe, et pour donner aux capitales modernes un avant-goût du sort préparé aux monuments et aux travaux de la civilisation.

» Il semble que la nature se plaît à élever cette odieuse société pour le plaisir de l'abattre, pour lui prouver, par une chute cent fois réitérée, l'absurdité des sciences qui la dirigent. Image du criminel Sisyphe, qui gravit vers un rocher et tombe au moment d'y atteindre, la civilisation semble condamnée à gravir vers le bien-être idéal, et retomber dès qu'elle entrevoit le terme de ses maux. Les réformes les plus sagement méditées n'aboutissent qu'à verser des flots de sang. Cependant les siècles s'écoulent, et les peuples gémissent dans les tourments, en attendant que de nouvelles révolutions replongent dans le néant nos empires chancelants et destinés à s'entre-détruire tant qu'ils se confieront à la philosophie, à une science ennemie de la politique unitaire, à une science qui n'est qu'un masque d'intrigue, et qui ne sert qu'à attiser les ferments de révolution à mesure que le temps les fait éclore.

» A la honte de nos lumières, on voit se multiplier, chaque jour, les germes de désorganisation qui menacent ces frêles sociétés. Hier, des querelles scolastiques, sur l'égalité, renversaient les trônes, les autels et les lois de la propriété : l'Europe marchait à la barbarie ; demain, la nature inventera contre vous d'autres armes et la civilisation, mise à de nouvelles

épreuves, succombera encore. On la voit friser
la mort à chaque siècle : elle était à l'agonie
quand les Turcs assiégeaient Vienne ; elle eût
été perdue si les Turcs eussent adopté la tactique européenne. De nos jours, elle a été à deux
doigts de sa ruine : la guerre de la révolution
pouvait amener l'envahissement de la France,
après quoi l'Autriche et la Russie se seraient
partagé l'Europe ; et, dans leurs débats postérieurs, la Russie (qui a des moyens inconnus
de tout le monde et d'elle-même) aurait pu
écraser l'Autriche et la civilisation. Le sort de
cette criminelle société est de briller pendant
quelques siècles pour s'éclipser bientôt, de re-
naître pour tomber encore. Si l'ordre civilisé
pouvait faire le bonheur des humains, Dieu
s'intéresserait à sa conservation, il aurait pris
des mesures pour l'asseoir inébranlablement.

.　.　.　.　.　.　.　.　.　.　.　.　.　.

» Cessez de vous étonner si vos sociétés se
détruisent entre elles, et n'espérez rien de stable
sous des lois qui viendront de l'homme seul,
sous des sciences ennemies de l'esprit divin,
qui tend à établir l'unité sur le globe comme au
firmament. Un monde privé de chef unitair

de gouvernement central, ne ressemble-t-il pas
à un univers qui n'aurait point de Dieu pour le
diriger, où les astres graviteraient sans ordre
fixe et s'entre-choqueraient à perpétuité, comme
vos nations diverses, qui ne présentent aux
yeux du sage qu'une arène de bêtes féroces
acharnées à se déchirer, à détruire mutuellement leur ouvrage?

» Quand vous vous êtes apitoyés sur la chute
successive de vos sociétés, vous ignoriez qu'elles
fussent opposées aux vues de Dieu; aujourd'hui
que la découverte de ses plans vous est an-
noncée, n'êtes-vous pas, dès ce moment, dé-
sabusés sur l'excellence de la civilisation? ne
reconnaissez-vous pas qu'elle a usé la patience
humaine, qu'il faut un nouvel ordre social
pour nous conduire au bonheur; qu'il faut,
pour se rallier aux vues de Dieu, chercher un
ordre social applicable à la terre entière, aux
six cents millions de sauvages et de barbares
qu'elle contient en dehors de la civilisation;
qu'il faut enfin étudier les vices sociaux du genre
humain, et non pas ceux de la civilisation, qui
n'est qu'une parcelle du genre humain?

» Apôtres de l'erreur, moralistes et poli-

ques! après tant d'indices de votre aveuglement,
prétendez-vous encore éclairer le genre humain?
Les nations vous répondraient : « Si vos scien-
» ces, dictées par la sagesse, n'ont servi qu'à per-
» pétuer l'indigence et les déchirements, don-
» nez-nous plutôt des sciences dictées par la
» folie, pourvu qu'elles calment les fureurs,
» qu'elles soulagent les misères du peuple. »

» Ah! loin de ce bonheur que vous promet-
tiez, vous n'avez su que ravaler l'homme au-
dessous de la condition des animaux : si l'animal
est parfois privé du nécessaire, il n'a pas l'inquiétude de pourvoir à ses besoins avant de les
ressentir. Le lion, bien vêtu, bien armé, prend
sa subsistance où il la trouve, et sans se mettre
en peine du soin d'une famille ni des risques du
lendemain. Combien son sort est préférable à
celui des pauvres honteux qui fourmillent dans
vos cités, à celui des pauvres ouvriers qui,
privés de travail, harcelés de créanciers et de
garnisaires, parviennent, après tant de dégoûts,
à la mendicité, et promènent leurs plaies, leurs
nudités et leurs enfants affamés à travers vos
villes, qu'ils font retentir de lugubres complain-
tes ! Voilà, philosophes, les fruits amers de vos

sciences; l'indigence et toujours l'indigence : cependant vous prétendez avoir perfectionné la raison, quand vous n'avez su que nous conduire d'un abîme dans un autre. Hier vous reprochiez au fanatisme la Saint-Barthélemy, aujourd'hui il vous reproche les prisons de septembre : hier c'étaient les croisades qui dépeuplaient l'Europe, aujourd'hui c'est l'égalité qui moissonne trois millions de jeunes gens, et demain quelque autre vision baignera dans le sang les empires civilisés.

. . . .

» Vous faites parade de vos théories métaphysiques ; à quoi donc les employez-vous si vous dédaignez d'étudier l'attraction qui tient le gouvernail de vos âmes et de vos passions? Vos métaphysiciens se perdent dans les minuties de l'idéologie. Eh ! qu'importe cette broutille scientifique? Moi qui ignore le mécanisme des idées, moi qui n'ai jamais lu ni Locke ni Condillac, n'ai-je pas eu assez d'idées pour découvrir le système entier du mouvement universel, dont vous n'aviez découvert que la quatrième branche, après deux mille cinq cents ans d'efforts

» J'ai fait ce que mille autres pouvaient faire avant moi ; mais j'ai marché au but, seul, sans moyens acquis, sans chemins frayés. Moi seul j'aurai confondu vingt siècles d'imbécillité politique, et c'est à moi seul que les générations présentes et futures devront l'initiative de leur immense bonheur. Avant moi, l'humanité a perdu plusieurs mille ans à lutter follement contre la nature ; moi, le premier, j'ai fléchi devant elle en étudiant l'attraction, organe de ses décrets ; elle a daigné sourire au seul mortel qui l'eût encensée ; elle lui a livré tous ses trésors. Possesseur du livre des destins, je viens dissiper les ténèbres politiques et morales, et sur les ruines des sciences incertaines j'élève la théorie de l'harmonie universelle (*). »

(*) Fourier, *Théorie des quatre mouvements.*

CHAPITRE IV.

Attraction. Association.

Dieu n'a pu vouloir que les sociétés humaines fussent abandonnées éternellement au désordre, à la misère, au carnage, à l'oppression; il a dû leur donner un code divin dont la nature fût l'interprète, la révélation permanente. Les hommes ont-ils jamais recherché ce code? aucune volonté explicite a-t-elle originairement jeté les bases aux sociétés? non; le hasard et la fatalité des circonstances y ont seuls présidé. L'organisation de toutes les sociétés barbares et civilisées a été le produit de la conquête et de la force brutale, qui leur ont donné pour bases l'injustice et l'iniquité. Les sauvages offrent seuls l'image d'une société primitive et naturelle : généralement, on les voit libres, n'obéissant qu'à ce qui leur plaît. Mais partout faibles et, en quelque sorte, désarmés, ils ont dû fléchir sous le joug de la conquête, ou se laisser refouler dans les bois et les cavernes. Jusqu'à ce jour, la liberté s'est montrée sauvage et grossière, les arts et l'industrie ont été unis à l'oppression. Il a été dans la destinée de l'homme de passer par l'*édénisme* (l'âge d'or des poëtes), qui le laissait en quelque sorte sommeiller dans l'existence, et de n'être initié aux arts et à l'industrie que par la force et la contrainte (*). Le petit nombre a rendu le travail obligatoire au grand nombre ; de cette oppression générale sont résultés les maux effroyables qui ont désolé l'humanité. La justice et l'équité n'ont été pour rien dans l'organisation sociale : la force et la violence ont tout fait.

(*) Il faut toujours supposer un huitième d'exception. C'est une loi générale dans la doctrine sociétaire. L'exception confirme la règle.

• De tout temps les masses ont souffert impatiemment, et, de temps à autre, ont soulevé leurs chaînes, excitant de la sorte d'effroyables convulsions sociales ; de tout temps des esprits généreux ont cherché infructueusement remède aux maux de la multitude. On s'est attaqué aux gouvernements, on s'est attaqué aux religions. Les formes ont été modifiées, des abus ont été détruits, la foi aveugle a disparu sans retour, et cependant l'oppression et la misère continuent à accabler les masses. Les réformes administratives, gouvernementales, religieuses, n'atteignent point le mal dans sa racine ; car toutes ne prétendent qu'à modifier un ordre social entièrement vicieux en lui-même.

Fourier, écartant les préjugés de contrainte et d'esclavage qui nous sont inculqués depuis des siècles, n'a consulté que Dieu sur les lois qui doivent régir les hommes. C'est du système d'analogie universelle qu'il fait découler un nouveau mécanisme social, nous assurant à tous le bien-être et la plus large liberté. Il n'a recherché qu'une loi, celle qui régit les mondes, la loi *d'attraction*.

La loi d'attraction gouverne l'univers depuis

le brin d'herbe, l'insecte, jusqu'aux astres ac-
complissant leur marche régulière. Les animaux
obéissent à un code divin révélé par l'instinct,
par l'attrait; la nature entière se groupant,
s'associant dans un concert harmonieux, accom-
plit sa tâche passionnément, avec amour.
L'homme seul, méconnaissant cette loi divine,
reste en lutte avec ses instincts, ses penchants,
ses passions. Au milieu de l'association des êtres
et de l'harmonie des mondes, les sociétés humaines n'offrent qu'incohérence, discorde, dé-
sharmonie; leurs travaux sont une tâche pénible, leurs relations présentent luttes et déchirement. L'attraction, pour n'être pas obéie,
devient à l'homme souffrance et châtiment. Le
sentiment de ses maux s'aggrave par l'idée des
biens qu'il ne possède pas. Semblable à l'abeille
qui, transportée sur un rocher aride, souffre
et languit de la privation des fleurs et des parfums, l'homme, pour être en dehors de sa
destinée, n'en reste pas moins propre à l'accomplir, et souffre en proportion de ce qu'il est
plus éloigné de l'harmonie et de l'unité.

« L'attraction est dans les mains de Dieu une
baguette enchantée qui lui fait obtenir par

amorce d'amour et de plaisir ce que l'homme
ne sait obtenir que par violence. Elle transforme en jouissance les fonctions les plus répu-
gnantes. Quoi de plus rebutant que le soin d'un
enfant nouveau-né, criant, hébété et souillé de
déjections ? Que fait Dieu pour transformer en
plaisir un soin si déplaisant ? Il donne à la mère
attraction passionnée pour ces travaux immondes ; il ne fait qu'user de sa prérogative magi-
que : IMPRIMER ATTRACTION. Dès lors les dégoûts
les plus motivés disparaissent et sont changés en
plaisirs.

» Nous voyons Dieu se fixer au seul levier de
l'attraction pour diriger les planètes et soleils,
créatures immensément supérieures à nous :
l'homme serait-il donc seul exclu du bonheur
d'être guidé au bien social par attraction ? Pourquoi cette interruption dans l'échelle du système de l'univers ? pourquoi l'attraction, interprète divin près des astres et des animaux, et
suffisant pour les conduire à l'harmonie, ne
suffit-elle pas à l'homme qui est créature
moyenne entre les planètes et les animaux ? Où
est l'unité du système divin si le ressort d'harmonie générale, si l'attraction n'est pas appli-

cable aux sociétés du genre humain comme à celles des astres et des animaux, si l'attraction ne s'applique pas à l'industrie agricole et manufacturière, qui est le pivot du mécanisme social?

» L'industrie, supplice des salariés et des esclaves, fait pourtant les délices de diverses créatures, comme castors, abeilles, guêpes, fourmis, qui sont pleinement libres de préférer l'inertie; mais Dieu les a pourvues d'un mécanisme social qui attire à l'industrie et fait trouver le bonheur dans l'industrie. Pourquoi ne nous aurait-il pas accordé le même bienfait qu'à ces animaux? quelle différence entre leur condition industrielle et la nôtre! Un Russe, un Algérien travaillent par crainte du fouet et de la bastonnade; un Anglais, un Français, par crainte de la famine qui talonne leur pauvre ménage; les Grecs et les Romains, dont on nous a tant vanté la liberté, travaillaient par esclavage et crainte du supplice, comme aujourd'hui nos nègres des colonies.

» Voilà quel est le bonheur de l'homme, en l'absence d'un *code industriel attrayant;* voilà l'effet des lois humaines; elles réduisent l'humanité à envier le sort des animaux industrieux pour qui l'attraction change les travaux en plaisirs. Quel serait notre bonheur si Dieu nous eût assimilés à ces animaux, s'il nous eût imprimé *attraction passionnée* pour l'exercice de tout travail, auquel nous sommes destinés ? Notre vie ne serait qu'un enchaînement de délices, d'où naîtraient d'immenses richesses ; tandis qu'à défaut du régime d'industrie attrayante nous ne sommes qu'une société de forçats, dont quelques-uns savent échapper au travail et se coaliser pour se maintenir dans l'oisiveté. Ils sont haïs de la masse, qui tend, comme eux, à s'affranchir du travail : de là naissent les ferments révolutionnaires, les agitateurs, qui promettent au peuple de le rendre heureux, riche et oisif, et qui, une fois parvenus à ce rôle par quelque bouleversement, pressurent la multitude et l'asservissent de plus belle pour se maintenir au rôle d'oisifs ou directeurs des industrieux, ce qui équivaut à l'oisiveté (*). »

(*) Fourier, *Traité d'association agricole et domestique.*

D'après la loi d'unité, *analogie de l'homme avec la création*, le code divin, révélation permanente, consiste dans une loi d'*industrie attrayante*, découlant d'un mode d'association où tous les intérêts s'accordent et s'harmonisent au lieu de se nuire et de s'entre-choquer comme dans l'état actuel.

À cette seule condition, l'unité de la création sera démontrée, l'homme sera en accord *avec lui-même, avec l'univers, avec Dieu.*

Tous les êtres, dans la nature, par impulsion attractive, s'associent, s'entraînent et s'harmonisent dans les sociétés humaines; les germes d'association sont partout semés : c'est un besoin absolu des hommes; ils s'associent par intérêt, par affection, instinct social, impulsion irrésistible.

Toute société est une association large dont la famille, le plus bas degré d'association, est le pivot. Mille associations se forment au sein de chaque société; les nations se groupent elles-mêmes et se liguent contre d'autres nations. L'homme n'a pu éluder entièrement sa destinée, l'association; il subit la loi attractive qui le pousse irrésistiblement à s'unir d'intérêts, de travaux, d'affections avec ses semblables ; mais, à défaut d'une base unitaire, d'un lien harmonieux, d'un principe d'équité, les sociétés humaines sont organisées de telle sorte que l'association n'a été, jusqu'à ce jour, que guerre, coalition d'intérêts, et n'engendre, à l'intérieur et à l'extérieur, que misères, luttes, désordres, déchirements, oppression, carnage.

La société est une harmonie faussée, une gamme en désaccord, dont les hommes s'opiniâtrent à tirer des sons faux et discordants, tandis qu'il ne faut que mettre les notes à l'unisson pour que le jeu se transforme tout d'un coup en séries d'accords justes, mélodieux et harmoniques.

La loi d'association découverte par Fourier est une suite du calcul newtonien sur l'attraction ; elle applique au monde social la théorie de Newton sur l'équilibre de l'univers.

Elle établit l'unité du globe sur la division régulière du monde par *commune*, composée de quinze à dix-huit cents personnes, se ralliant, sous le rapport politique ou intérêts généraux, par voie élective, à une hiérarchie de congrès représentant toujours un plus grand nombre

de communes, jusqu'au congrès d'unité sphérique, délibérant au nom du globe entier.

Elle procure la multiplication des richesses
et l'abondance générale par le double ressort de
l'économie et du travail attrayant.

En respectant toutes les diverses aptitudes et
penchants, et toutes les inégalités naturelles,
d'où naissent les inégalités sociales, elle assure
l'*égalité des droits*, en rétribuant chacun selon
les facultés, *travail, talent, capital.*

Elle utilise toutes les passions au profit de
l'industrie, de la concorde, de l'harmonie. En
conservant les liens et les affections de la famille,
elle en détruit les intérêts exclusifs; elle la confond tellement avec la grande famille communale ou phalanstérienne, que toute affection
rétrécie disparaît; elle fait que chacun trouve
son intérêt dans celui de tous et s'attache ainsi
sincèrement et passionnément à la *chose publique.*

Elle donne la seule liberté réelle, le développement des facultés et l'essor des passions; elle
allie véritablement la liberté avec l'ordre, puisque aucun ne saurait vouloir ce qui est au détriment d'un autre, et que chacun, en voulant

son propre bien, contribue au bien de tous.

Dans l'application, la réunion d'un certain nombre de familles, environ dix-huit cents personnes, et la gestion unitaire des ménages, est le premier principe posé par Fourier.

Le second principe est l'exploitation intégrale des travaux agricoles, domestiques et manufacturiers, et la répartition des bénéfices selon les trois facultés industrielles : *capital*, *travail*, *talent*.

Le troisième principe est le travail rendu attrayant par la formation des travailleurs en groupes et séries, se relayant de deux en deux heures, et embrassant un grand nombre de travaux, au moyen de la division du travail, qui en rend la pratique extrêmement aisée.

» Il ne peut exister, dit Fourier, que deux méthodes en exercice d'industrie, savoir : l'état morcelé ou culture par familles isolées, tel que nous le voyons, ou bien l'état sociétaire, culture en nombreuses réunions qui auraient une règle fixe, pour répartir à chacun équitablement, selon les trois facultés industrielles, *capital*, *travail*, *talent*.

» On voit déjà l'association s'introduire dans

quelques menus détails d'économie rurale,
comme le *four banal*. Un village de cent familles
reconnaît que, s'il fallait construire, entretenir
et chauffer cent fours, il en coûterait en maçon-
nerie, combustible et manutention, dix fois plus
que ne coûte un four banal, dont l'économie
s'élèvera au vingtuple et trentuple, si la bourgade contient deux ou trois cents familles.

» Il suit de là que, si l'on applique l'association à tous les détails d'exploitation domestique et agricole, on trouvera, en moyen terme,
une économie des neuf dixièmes sur l'ensemble
de la gestion, indépendamment du produit que
donneront les bras épargnés et ramenés à d'autres fonctions. »

Tel est le principe simple de l'association des
ménages et des travaux.

La répartition des bénéfices, selon le *travail,
capital, talent*, en substituant l'*association* de
l'ouvrier avec le maître et les capitalistes au
salaire, efface la misère de la classe ouvrière et
lui offre un bien-être toujours croissant, en
même temps qu'elle augmente dans la même
proportion la fortune des capitalistes et des
maîtres.

Dès aujourd'hui, dans tous les pays où l'esclavage est aboli, il y a une sorte d'association, ou, pour mieux dire, d'engagement entre les capitalistes, les maîtres, les ouvriers ou paysans salariés. Dès aujourd'hui, dans toute industrie, toute exploitation, le *capital*, le *travail* et le *talent* sont rétribués ; mais ils le sont très-inégalement ; le *capital* a la part du lion et reste toujours maître. On ne peut rien sans argent. Le talent et le travail sont dans l'entière dépendance du capitaliste. Ce dernier, par le seul placement de ses fonds, voit sa fortune s'accroître ; il n'a besoin ni de travail, ni de talent ; sa fortune grandit par le seul fait qu'elle existe, l'argent attire l'argent ; c'est, en civilisation, comme une graine qu'on sème et qui pousse, et dont la moisson appartient presque entière à l'heureux possesseur. Le travail et le talent entrent en part dans les bénéfices de toute entreprise industrielle : mais, quels que soient les avantages qu'elle présente et les bénéfices dont elle gorge les principaux associés, la part de l'ouvrier est toujours la même ; il reçoit un modique salaire suffisant à peine à ses besoins journaliers, surtout s'il a une famille à sa charge ;

8.

et encore ce salaire ne lui est-il pas assuré. S'il devient malade, si sa fabrique chôme par quelque crise commerciale, si une découverte utile à la société vient à remplacer les bras de l'ouvrier, il cesse de rien recevoir et tombe dans la misère la plus affreuse.

Par cet ordre de choses, tandis que la fortune des riches va toujours croissant, sauf les chances de mauvaises spéculations ou de commotions politiques, la situation précaire de la classe ouvrière ne change point, ne s'améliore point. Tous les prodiges de l'industrie, toutes les améliorations utiles exploitées par les capitalistes, vont toujours augmentant leurs capitaux, en même temps qu'ils amènent une crise pour l'ouvrier. Ce qui enrichit la société le ruine; il a tout à perdre à chaque amélioration, découverte, invention utile, dans les arts, les sciences et l'industrie, et jamais il n'a rien à gagner. La civilisation est sans issue pour sa misère; ses merveilles ne font que l'accroître. Celui qui possède une invention utile, propre à diminuer la fatigue, le labeur de l'ouvrier, à remplacer ses efforts par l'emploi des machines, doit presque hésiter à en doter la société; car les capitalistes seuls et quelques employés en retirent le profit, tandis qu'une masse d'ouvriers est jetée sur le pavé, sans pain ni travail : c'est la génération suivante qui retrouve un autre travail, mais qui ne sort point pour cela de sa misérable condition.

L'abolition du salaire et la répartition équitable des bénéfices entre le travail manœuvrier, le talent qui dirige et le capitaliste qui avance les fonds, sont le seul remède à cet ordre de choses.

Et encore, n'aura-t-il tout son effet que dans l'ordre sociétaire où l'exploitation intégrale de diverses industries agricoles et manufacturières, et l'association des ménages, permettront à la fois l'économie des ressorts et la multiplicité des produits. Dans ce système, tous les travailleurs inutiles, destructifs, nuisibles, auront disparu ; les travailleurs *associés* rivaliseront de zèle et d'ardeur, tandis qu'aujourd'hui on peut dire que les salariés rivalisent de lenteur et de négligence ; la solidarité d'intérêts entre diverses industries servira de garantie aux vicissitudes commerciales, en introduisant insensiblement le commerce véridique à la place du commerce mensonger ; enfin tous les travailleurs seront consommateurs ; on ne verra plus la misère à côté de l'abondance , ni des denrées qui pourrissent , faute d'acheteurs , aux yeux d'un peuple criant la faim. Tout le monde possédera l'aisance et le bien-être , et les riches mêmes jouiront d'un accroissement relatif dans leur fortune.

Le troisième principe , avons-nous dit, est le travail attrayant. Si Fourier n'eût trouvé que l'association intégrale et les richesses que ce nouveau mode social doit enfanter , sa découverte fût restée incomplète : dans l'ordre civilisé , les travaux généralement sont si répugnants , ils offrent si peu d'attrait , qu'il serait fort à craindre , si la richesse augmentait sensiblement , et que les plus pauvres fussent assurés du *minimum* ou nécessaire , que les travaux grossiers , fatigants , fussent sur-le-champ abandonnés , et qu'on ne trouvât plus de travailleurs pour l'agriculture, les manufactures, les mines, les travaux publics , les métiers et la domesticité. Beaucoup d'esprits voulant le bien ont pu être arrêtés dans la recherche des moyens d'extirper la misère par cette difficulté : comment ,

en effaçant la misère, conserver les travailleurs?
comment les conserver sans employer la force
ou despotisme? et cependant, d'un autre côté,
comment maintenir la société et augmenter la
masse des richesses sans travailleurs?

On a pu considérer cette difficulté comme
insoluble, et y voir une preuve de la nécessité
de la misère et des calamités qu'elle engendre.
C'est ainsi que, dans toute l'antiquité, nul ne
songea jamais à abolir l'esclavage ; on ne pensait
pas que les sociétés pussent subsister sans qu'une
classe nombreuse, entièrement sacrifiée, esclave
de corps et d'âme, fût asservie au travail par le
fouet et les châtiments. Aristote remerciait les
dieux de n'être ni esclave, ni femme, ni barbare ; il ne croyait pas *qu'aucune vertu pût être*
à l'usage d'un esclave. C'est ainsi qu'au midi des
États-Unis, en Turquie, en Russie, en Pologne, l'esclavage subsiste encore dans toute son
horreur, *toujours* par le préjugé que le droit
absolu du maître peut seul forcer la masse aux
travaux grossiers. Dans les pays libres même,
le mercenaire, le salarié sont-ils autres que des
esclaves forcés par la misère ? Et cependant l'esclavage, la misère, ne sont-ils point d'odieuses

iniquités , une injustice flagrante , une source
de vices , de maux , de calamités ? Dieu n'a pu
vouloir cet état de choses , et a dû indiquer un
moyen de faire concorder la liberté humaine
avec le développement des arts , des sciences et
de l'industrie. C'est parce que Fourier a eu foi
en Dieu et sa justice éternelle , qu'il a trouvé
dans la nature même de l'homme , en rapport
avec l'harmonie et l'unité de la création , la
solution à toutes les difficultés sociales *dans le
travail attrayant ou théorie des groupes et séries
passionnées.*

CHAPITRE V.

Unité sociale.

Dieu dit selon la parole biblique : *Que la lumière soit, et la lumière fut.* Dieu d'un souffle anima la création. Pour Dieu, il n'y a ni temps ni espace ; être infini, son existence est une sublime unité. L'homme, être fini, possède le sentiment de l'unité qui le rattache à Dieu ; mais, par sa nature, il est soumis au mouvement qui lui mesure l'espace et le temps, et à la succession des pensées qui lui mesure le champ de l'intelligence. L'homme, par la loi du mouvement, donne un commencement et une fin à toutes ses actions ; il n'atteint un but que par des efforts successifs ; il doit mesurer, limiter, diviser ses plans, analyser ses conceptions, pour les rendre accessibles à autrui, pour les faire passer dans la réalité. Même, lorsqu'il aspire à quelque image de l'unité divine, il doit y préluder et la rendre partiellement.

L'unité est la destinée divine des sociétés humaines ; ce n'est qu'à ce prix qu'elles peuvent s'harmoniser avec la création. Le génie de Fourier embrasse cette unité ; soumis à la loi du mouvement, il ne peut la créer d'un coup ; mais il lui donne la pierre angulaire qui doit lui servir de base, c'est le *phalanstère* ou *commune*. Le système de Fourier n'est autre qu'une organisation nouvelle de la commune.

La commune est déjà un heureux élément en civilisation. C'est en divisant et subdivisant un royaume en provinces, comtés, départements, communes, qu'on est parvenu à centraliser le gouvernement, à lui donner quelque unité ; mais cette unité n'est qu'apparente. La commune, qui devrait être tout dans l'État, puisqu'elle en offre l'élément constitutif, n'est, à proprement dire, qu'une fiction. L'État n'en reste pas moins composé de sales et pauvres villages, de villes plus ou moins médiocres, et d'une capitale monstre, vampire qui suce le sang et la substance de tout le reste du royaume, accapare les plus riches productions de l'industrie, monopolise les beaux-arts et l'intelligence, pour n'offrir, en résultat, que le bourbier et l'égout de tous les vices et de toutes les corruptions réunies.

La *commune*, comme l'entend Fourier, c'est d'être à la fois *tout* et *partie*, *centre* et *extrémité;* c'est d'offrir l'image d'une petite société et d'une grande famille parfaitement organisées, d'avoir une existence intérieure complète par elle-même, et de se rattacher aux autres communes par des liens d'échange et de services réciproques qui ne permettent à aucune de dominer sur une autre, de l'exploiter, de l'écraser.

Dans cette nouvelle organisation sociale, ce n'est plus la commune qui est fiction, ce sont les provinces, royaumes, États, puisqu'ils ne font que figurer un certain nombre de communes, et qu'il n'y a plus sur la terre que des phalanstères ou communes. Les ressorts de l'administration, sans secousse ni révolution,

se trouvent singulièrement modifiés et simplifiés; chaque commune, administrant elle-même
ses affaires, n'a de rapport avec l'administration
générale, soit du royaume, soit du globe, que
pour payer régulièrement et en masse ses impôts ou quotes-parts aux dépenses publiques, et
envoyer ses députés aux assemblées de provinces, de royaumes, de la capitale du globe (*).

La destructive et immorale prépondérance
des capitales d'aujourd'hui cesse d'exister, en
même temps que le danger du'n système anar-
chique de fédération. La terre est partout peuplée également : on ne voit plus des populations
amoncelées sur un point, et tout à côté de vastes
campagnes sans habitants; on ne voit plus,
pour quelques contrées florissantes, les trois
quarts du globe déserts, incultes, abandonnés
aux animaux et à quelques peuplades barbares,
quelques hordes errantes. Les haines nationales
s'éteignent dans la division régulière des communes, qui, donnant à chacun les premières
attaches d'une grande famille, d'une petite pa-

_____

(*) L'emplacement de Constantinople, selon Fourier.

trie, ouvre l'âme à l'amour de la grande famille
sociale, du genre humain. La commune est le
pivot de l'unité sociale. Le souverain du monde
ne pourrait établir l'unité que par la formation
de la commune.

L'organisation de la commune, d'après le
système de Fourier, est une société nouvelle à
introduire dans la société, non point une société
qui conspire pour renverser violemment ce qui
existe, mais une société qui se met à part,
donne exemple et engage à l'imitation. La civilisation ne peut se sauver par elle-même, elle
n'a pas de voie, pas d'issue. Une société nouvelle se formant dans son sein, sans la froisser
ni la heurter, dégagée de tous ses vices, ayant
des éléments propres, respectant tout ce qui
existe, mais prenant toujours plus d'extension
par le puissant attrait de concorde, de bonheur
et d'harmonie dont elle offre le spectacle ; cette
société seule peut détruire les vices de la civilisation et en conserver le magnifique développement industriel, artistique et scientifique ;
elle seule peut amorcer six cents millions de
sauvages et barbares ; car, s'ils sont restés jus-

qu'aujourd'hui rebelles à la civilisation avec ses travaux répugnants et son cortége de gendar-mes, sbires, geôliers, bourreaux, ils se laisse-ront aisément attirer et séduire par le tableau de la liberté et du bonheur.

CHAPITRE VI.

Le phalanstère ou commune. — Mobilisation du capital.

Le système de Fourier, basé sur des principes fixes, se prête, dans l'application, à toutes les sortes de tentatives, à tous les genres d'essais, selon les moyens pécuniaires et le but des premiers fondateurs. Fourier indique lui-même un système d'harmonie à tous les degrés, depuis la demi-association ou *garantisme,* qui est une transition de l'état civilisé à l'état harmonien, jusqu'à l'harmonie simple qui peut s'appliquer à quatre-vingts familles ou quatre cents villageois, et la grande harmonie qui exige une lieue

9.

carrée de terrain, et quatre cents familles, environ mille huit cents personnes.

J'indiquerai plus tard quelques méthodes de garantisme et reviendrai à la phalange simple, qui serait, à proprement parler, une ferme agricole industrielle. Pour le moment, je vais esquisser la phalange de pleine harmonie que décrit Fourier, toutefois en laissant de côté la majeure partie des détails.

Remarquons que le moindre nombre de personnes avec lesquelles on puisse constituer la phalange est de quatre cents, environ quatre-vingts familles. L'harmonie ne pourrait pas naître d'un plus petit nombre ; au contraire, on verrait la discorde bientôt éclater. D'un autre côté, on ne doit pas beaucoup dépasser le chiffre de mille huit cents personnes, environ quatre cents familles. Le jeu des passions serait également entravé par un plus grand rassemblement. La science sociétaire est toute basée sur des calculs qui ont toujours une raison concluante. Il entre dans mon plan de donner seulement les résultats.

Supposons donc, pour un essai de grande harmonie, une lieue carrée de terrain où s'élèvera une grande habitation commune à quatre cents familles, environ mille huit cents personnes d'aptitudes et de spécialités différentes, de fortunes inégales, mais, autant que possible, graduées. Tout le système de Fourier est basé sur les différences et inégalités naturelles et sociales. Dans la nature, rien n'est semblable, tout se rapproche et tout diffère; dans l'humanité, comme dans la création entière, toute l'organisation physique, morale et intellectuelle diffère, dans chaque individu, par des nuances qui se touchent, se confondent, se graduent et s'éloignent. C'est pourquoi on ne peut introduire dans la société une égalité incompatible avec le développement des facultés, la spontanéité des penchants. Nous devons croire, au contraire, et Fourier le prouve irrécusablement, que, dans un ordre sagement combiné, les inégalités naturelles et les inégalités sociales, qui en découlent, seront les plus sûrs gages de concorde et d'harmonie.

Chaque famille ou, pour mieux dire, chaque individu, homme, femme, enfant, vieillard, apporte sa part de *capital*, de *travail*, de *talent*, soit les trois ensemble, soit l'un des trois : la

phalange fait avance, à celui qui n'apporte que
son travail, du *minimum*, table, logement, vêtements, dits de troisième classe ; car il y a des
logements de dimensions différentes, et trois
sortes de tables pour les diverses fortunes. La
phalange est remboursée de ses avances, au bout
de l'année, quand vient la répartition générale
des bénéfices, sur l'excédant du *minimum* assuré
à tout travailleur. Chacun entre bientôt, à des
degrés différents, dans la répartition des trois
facultés, *capital*, *travail*, *talent*, puisque, dès
la seconde année, ceux mêmes qui n'ont apporté à la phalange que leur travail peuvent
avoir des économies à placer, et que chacun,
embrassant un grand nombre de travaux divers (*), comme on le verra dans le mécanisme
des *séries passionnées*, peut se distinguer par
le *talent* dans l'une ou l'autre branche. Des enfants de quatre à cinq ans sont déjà capables
de rembourser l'avance du *minimum* et faire des
économies qui leur procurent un capital toujours croissant; ils peuvent aussi, en se distin-

(*) La division du travail facilite l'application de
chacun à un grand nombre de travaux.

guant dans les fonctions attribuées à leur âge
et à leurs forces, participer à la rétribution du
talent. Les vieillards, quand ils auront vécu
dans le phalanstère, à mesure que leurs forces
décroîtront et qu'ils auront une part moindre
dans la rétribution du *travail*, en auront une
plus forte dans la répartition du *capital* qui se
sera accru, pour eux, en mesure des années,
et dans la répartition du *talent* qu'ils auront
acquis par une grande pratique et une longue
expérience. Jusqu'à l'âge de quatre à cinq ans,
les enfants sont entretenus aux frais de la phalange; les malades et les infirmes le sont également; quant aux fainéants, on se convaincra
qu'il ne peut s'en trouver dans le système sociétaire non-seulement parmi les pauvres, mais
encore parmi les riches.

Les fonds, ou tout autre immeuble que chacun apporte dans la phalange, et qui forment
la propriété de tous, sont représentés par mille
cent vingt-huit actions transmissibles et hypothéquées sur les meubles et immeubles du canton, sur le territoire, les édifices, troupeaux,
ateliers, etc. La phalange délivre à chacun des
actions ou coupons d'actions en équivalent des

objets qu'il a fournis ou des capitaux qu'il a versés.

Le capitaliste de la phalange peut être interne ou externe ; s'il est interne, il verra son lot, ou répartition du *capital*, s'accroître de la répartition du *travail* et du *talent*. Si l'on ajoute à ce gain positif le bénéfice négatif de n'avoir pas la charge d'un ménage et l'entretien d'une femme, d'enfants, domestiques, on pourra évaluer l'intérêt d'un fonds, placé dans la phalange par un sociétaire interne, à cinquante pour cent. Si le sociétaire reste externe, il a l'option d'un intérêt fixe à huit pour cent ou d'une part aux dividendes attribués au *capital*. Il trouve, dans ce placement de ses fonds, un avantage immense que la civilisation ne peut lui donner, celui d'avoir ses capitaux à la fois garantis et mobilisés, et portant un intérêt, qu'on ne retire, dans l'état actuel, qu'avec les risques et périls de tout perdre.

En civilisation, non-seulement le travail est difficile, répugnant, toutes les professions sont encombrées, mais encore le capitaliste, le rentier n'ont aucune garantie du revenu, ni même du fonds. Une révolution, une faillite peuvent les ruiner ; le propriétaire même, qui, pour la garantie du fonds, est forcé de se contenter du deux et demi, du trois pour cent, est exposé, par les chances de mauvaises récoltes, à devoir assister ses fermiers au lieu d'en recevoir de l'argent. Aucun placement n'assure le revenu ni le capital en civilisation ; principalement, lorsqu'on veut se conserver un capital mobile, on court des risques si nombreux, que les Anglais placent en dépôt chez un banquier, sans aucun intérêt et pourtant avec péril de banqueroute, pour le seul avantage de remboursement exigible à volonté. La fortune donne autant d'embarras et de soucis à conserver qu'à acquérir ; jamais de paix et de sécurité en civilisation, jamais l'heureuse insouciance qui appartient au sauvage ; toujours un état précaire et incertain.

Les harmoniens, possédant le *minimum*, assurés de l'accroissement de leur fortune par le travail, entièrement tranquilles sur leurs fonds confiés à la phalange, dont ils conservent la propriété et qu'ils peuvent réaliser immédiatement, les harmoniens jouissent de la sécurité du sauvage, de l'insouciance du lende-

main ; tout entiers au bonheur présent, ils ne
sont point troublés et inquiétés par les ter-
reurs perpétuelles de l'avenir. C'est la phalange qui gère leur fortune comme elle gère
leur ménage, comme elle gère l'éducation des
enfants.

La phalange peut offrir l'intérêt de huit pour
cent aux capitalistes externes, par l'économie et
l'accroissement des richesses qui ressortent de
l'état sociétaire ; elle donne la plus sûre hypothèque en présentant à chaque capitaliste, pour
garantie, l'ensemble de ses propriétés, bâtiments, usines, troupeaux, récoltes, et la terre
même ; elle rend le capitaliste propriétaire,
puisque les actions, qu'il reçoit en échange
de ses capitaux, constituent un droit réel de
propriété ; elle mobilise le capital, puisque ces
actions sont échangeables, rachetables, sans
jamais perdre de leur valeur, et touchent leur
dividende de lot, ou intérêt fixe, dans quelques
mains qu'elles se trouvent. La phalange, en
assurant de si grands avantages aux capitalistes,
propriétaires de tout ce qu'elle possède, double
en même temps la valeur de sa richesse ; elle la
double positivement, puisque cette richesse

existe pour valeur égale en immeubles et en actions mobiles. Et c'est bien elle qui retire le profit de cette propriété double, puisque tous ses coassociés, ses coactionnaires, tant internes qu'externes, ne sont autres qu'elle-même ; que son intérêt est celui de tous, et qu'aucun intérêt contradictoire ne saurait s'élever dans son sein.

Et c'est parce qu'il y a effectivement *association*, et non pas exploitation, coalition.

La phalange, dans la répartition des bénéfices, traite avec chacun de ses membres individuellement. Il est loisible aux parents, aux époux, aux amis, de mettre en commun ce qu'ils possèdent ; mais la phalange ne connaît que des individus, et dans ses relations avec eux ouvre au grand-livre un compte à chacun, même à l'enfant de cinq ans. Les bénéfices de ce dernier ne sont point donnés au père ; l'enfant est propriétaire des fruits de son industrie, ainsi que des legs, hoiries et intérêts que la phalange lui conserve et garantit sans frais jusqu'à sa majorité, fixée à dix-neuf ou vingt ans.

Voici comment Fourier indique le taux de répartition aux trois facultés industrielles :

Cinq douzièmes au travail manœuvrier;

Quatre douzièmes au capital actionnaire;

Trois douzièmes aux connaissances pratiques et théoriques.

Nous reviendrons plus tard au mode de répartition.

Fourier donne une description détaillée du phalanstère; toutefois, il prévient que le plan doit se modifier d'après les circonstances particulières, telles que la situation, le terrain, les localités, les fonds qui seront à la disposition du fondateur ou de la société actionnaire, et surtout d'après ce qu'indiqueront plus tard la pratique et l'expérience. On peut en faire un édifice très-simple ou très-compliqué, très-modeste ou très-magnifique.

Il suffit d'avoir en vue le but du phalanstère, qui est l'association des ménages et des travaux industriels et agricoles. Le phalanstère doit se prêter, dans toute son architecture, à la gestion unitaire du ménage et des travaux, aux manœuvres des groupes et séries, et en même temps à la liberté individuelle. On conçoit que le plan doit différer prodigieusement du chaos de maisonnettes qui rivalisent de saleté et de difformité dans les bourgades , et généralement de toutes les habitations morcelées. Le système sociétaire prête tellement à l'élégance et au luxe , en même temps qu'à l'économie, que le phalanstère procurera aux plus pauvres des avantages qu'on ne peut se procurer aujourd'hui dans l'aisance, et les riches verront leur fortune et leurs jouissances augmenter en même proportion. La loi d'association n'ôte rien à personne et favorise tout le monde : en accroissant les richesses indéfiniment pour tous , elle augmente comparativement le bien-être de chacun ; en pleine harmonie , lorsque la terre sera couverte de phalanges , le plus pauvre des harmoniens possédera des jouissances inconnues aujourd'hui au plus puissant des monarques, telles que des communications abritées, échauffées ou rafraîchies , selon la température , dans tout le phalanstère. « Le roi de France n'a pas même un porche pour monter en voiture à l'abri des injures de l'air : quelle est comparativement la pauvreté d'un plébéien qui, à l'armée, est obligé de bivouaquer sur la neige ou dans la boue ; tandis que, dans l'état sociétaire, il ne travaille en plein air qu'en temps opportun , et trouve , sur tous les points du canton , des belvédères et kiosques , où sont déposés des tentes et habits spéciaux, et où l'on amène, à la fin de la séance d'une heure et demie ou deux heures , des rafraîchissements , puis des voitures en cas de pluie , etc. (*). »

Le même paysan qui, aujourd'hui, est obligé de porter ses sabots à la main , de peur de les user (coutume des paysans de la belle France), ou le salarié qui n'a pas même un grabat, comme le lazzarone de Naples , réduit à coucher dans la rue, aura , en harmonie , l'admission gratuite dans les voitures de *minimum* sur toutes les routes du globe, puis le gîte, et le *minimum* de tables et de vêtements dans toutes les phalanges , car les harmoniens exercent partout l'hospitalité. Le plus pauvre des harmoniens jouira donc de huit cent mille palais beaucoup plus agréables que les palais de Paris et de Rome, où l'on ne peut pas trouver le quart des agréments que réunira un phalanstère.

Mais ne laissons pas enflammer notre imagination par ces magnificences de l'avenir, et tra-

(*) *Traité d'association.*

çons brièvement, d'après Fourier, le plan d'un phalanstère d'harmonie, composé comme on pourrait l'élever dès aujourd'hui.

« Le centre doit être affecté aux fonctions paisibles, aux salles de repas, de bourse, de conseil, de bibliothèques, d'études, etc. Dans ce centre sont placés le temple, la tour d'ordre, le télégraphe, les pigeons de correspondance, le carillon de cérémonie, l'observatoire, la cour d'hiver, garnie de plantes résineuses et placée en arrière de la cour de parade.

» L'une des ailes doit réunir tous les ateliers bruyants, comme charpente, forge, travail au marteau ; elle doit contenir aussi tous les rassemblements industriels d'enfants, communément très-bruyants.

» L'autre aile doit contenir le caravansérail avec ses salles de bal et de relations des étrangers, afin qu'ils n'encombrent pas le centre du palais et ne gênent pas les relations domestiques de la phalange.

» Le phalanstère, outre les appartements individuels, doit contenir beaucoup de salles de relations publiques : on les nommera sé-

ristères ou lieux de réunion et développement de séries passionnelles.

» On aura soin de tenir, à proximité de la salle à manger, des cabinets pour les divers groupes qui voudront s'isoler des tables communes.

» En toute relation on ménage à côté des séristères, ou grandes salles, des cabinets adhérents qui favorisent les petites réunions.

» Les étables, greniers, magasins doivent être placés, s'il se peut, vis-à-vis l'édifice. L'intervalle situé entre le palais et les étables servira de cour d'honneur ou place de manœuvre.

» Derrière le centre du palais, les fronts latéraux des deux ailes devront se prolonger pour ménager et enclore une grande cour d'hiver, formant jardin et promenade emplantée de végétaux résineux et verts en toute saison ; cette promenade ne peut être placée qu'en cour fermée et ne doit pas découvrir la campagne.

» Pour ne pas donner au palais un front trop étendu, des développements et prolongements qui ralentiraient les relations, il conviendra de redoubler les corps de bâtiments en ailes et centre, et laisser, dans l'intervalle des corps parallèles contigus, un espace vacant de quinze à vingt toises au moins, qui formera des cours allongées et traversées par des corridors sur colonnes à niveau du premier étage, avec vitrage fermé et chauffé ou ventilé suivant l'usage de l'harmonie.

» Si ces cours allongées entre deux corps de logis parallèles avaient moins de quinze toises, elles ne pourraient pas comporter de plantations et seraient inadmissibles en harmonie, où l'on doit réunir partout les agréments de toute espèce.

. » Les jardins doivent être placés, autant que possible, derrière le palais, et non pas derrière les étables, au voisinage desquelles conviendra mieux la grande culture.

» Le palais doit être percé d'espace en espace, comme la galerie du Louvre, par des arcades à voitures, conservant ou coupant l'entre-sol.

» Pour épargner les murs, le terrain et activer les relations, il conviendra que le palais

gagne en hauteur, qu'il ait au moins trois étages
et la jacobine ou logement de frise, outre le
rez-de-chaussée et l'entre-sol, qui sont logements des enfants et des vieillards très-avancés
en âge.

« La phalange n'a point de rue extérieure
ou voie découverte, exposée aux injures de
l'air; tous les quartiers de l'édifice peuvent être
parcourus dans une large galerie, qui règne au
premier étage et dans tous les corps de bâtiments; aux extrémités de cette voie sont des
couloirs sur colonnes ou des souterrains ornés,
ménageant, dans toutes les parties ou attenances
du palais, une communication abritée, élégante,
et tempérée en toutes saisons par le secours des
poêles et des ventilateurs. De la sorte, on peut
en harmonie parcourir en janvier les ateliers,
étables, magasins, salles de bal, de réfectoire,
d'assemblée, etc., sans s'apercevoir s'il pleut
ou vente, s'il fait chaud ou froid.

« La rue-galerie ne peut s'adapter au rez-de-
chaussée, qu'il faut percer en divers points par
des arcades à voitures.

« Les rues-galeries d'une phalange ne prennent pas jour des deux côtés; elles sont adhé-

rentes à chacun des corps de logis; tous ces
corps sont à double file de chambres, dont une
file prend jour sur la campagne et une autre sur
la rue-galerie.

» Les portes d'entrée de tous les appartements des premier, deuxième, troisième étages
sont sur la rue-galerie, avec des escaliers placés
d'espace en espace, pour monter aux deuxième
et troisième étages. Deux grands escaliers latéraux conduisent au quatrième étage.

» Il convient de donner environ huit toises
d'épaisseur au corps de logis, la galerie non
comprise, afin de pouvoir ménager, dans les
deux files de chambres, des alcôves et cabinets,
qui épargneront beaucoup d'édifice; car une
alcôve profonde de huit pieds et garnie de son
cabinet vaut une seconde chambre. Le *mini-*
mum de logement, pour la classe pauvre, sera
donc une chambre à alcôve et cabinet pour
chacun (*).

» Les appartements sont loués et avancés par

(*) Nous parlons ici d'un phalanstère de pleine harmonie; car, en harmonie simple, une cellule suffit à
chaque villageois ou travailleur.

la phalange à chacun des sociétaires. Les séries d'appartements doivent être distribuées en ordre composé et engrené, jamais en simple; c'est-à-dire que, s'ils sont de vingt prix différents, depuis 50,100 jusqu'à 1,000 francs, il faut éviter la *progression consécutive continue*, celle qui placerait au centre tous les appartements de haut prix et irait en déclinant jusqu'à l'extrémité des ailes. Cette progression simple rassemblerait toute la classe riche au centre et tout le fretin sur les ailes; il arriverait que les corps de logis d'aile seraient déconsidérés et réputés classe inférieure. En engrenant les appartements de divers prix, on évitera cet inconvénient, et on mélangera les diverses classes de fortune dans chaque quartier (*). »

Jetons maintenant un coup d'œil sur les économies et augmentation de bénéfices dont un ménage sociétaire est susceptible.

(*) Fourier, *Traité d'association domestique et agricole*.

CHAPITRE VII.

Economies et bénéfices du ménage sociétaire.

Le premier principe de Fourier, association des ménages, était si aisé à découvrir, qu'il est étonnant qu'on ne l'ait pas déjà appliqué dans un siècle où l'on tâtonne et fait tant d'essais en association industrielle. Il tombe sous le sens que, pour ce qui concerne l'économie et la production, il y aurait d'énormes avantages à tirer de l'association de trois à quatre cents ménages qui peuvent composer la commune dans l'état actuel. Il est d'autant plus fâcheux que l'on n'ait pas fait cet essai, qu'il eût probablement amené la réalisation complète du système sociétaire. Fourier affirme que l'organisation du travail par groupes et séries est tellement dans la nature, qu'il eût, suffi d'une réunion fortuite de deux à trois cents ménages de fortunes graduées, entièrement libres dans le choix et le mode de leurs travaux, pour que cette organisation en naquît spontanément, et qu'on vît les passions s'harmoniser par les inégalités et les discords des caractères.

Esquissons, d'après Fourier, les économies et bénéfices du ménage sociétaire.

« Les trois cents greniers qu'emploient aujourd'hui trois cents familles villageoises (quinze à seize cents habitants) seront remplacés par un grenier vaste et salubre, divisé en compartiments spéciaux pour chaque denrée, et même pour chaque variété d'espèce : on s'y ménagera tous les avantages de ventilation, de siccité, d'échauffement, d'exposition, etc., auxquels ne peut songer un villageois ; car souvent son hameau tout entier se trouve mal placé pour la conservation des denrées. Une phalange, au contraire , choisit un local favorable , soit pour l'ensemble , soit pour les détails , caves , greniers , etc.

» De même, la phalange, soit pour ses vins , soit pour ses huiles et laitages, n'aura qu'un seul atelier. La cave, en pays de vignobles, contiendra tout au plus une dizaine de cuves au lieu de trois cents. Il suffit de dix pour classer les qualités de vendanges, même en supposant la cueillette faite en deux ou trois fois, comme elle le sera lorsque l'association qui prévient tout risque de vol permettra de cueillir à terme les trois degrés de fruit, vert, mûr et passé, qu'on est obligé de confondre et vendanger à une seule époque dans l'état actuel ; dès que la cueillette sera répartie en trois actes, il n'existera plus ni vert ni passé.

» Quant aux futailles , il suffira d'une trentaine de foudres au lieu d'un millier de mêmes tonneaux qu'emploient les trois cents familles : il y aura donc , outre l'économie de neuf dixièmes sur l'édifice, une économie de dix-neuf vingtièmes sur la tonnellerie, objet très-coûteux et doublement ruineux pour les civilisés ; souvent, avec de grands frais, ils ne savent pas maintenir la salubrité dans les vaisseaux de leurs caves, et exposent le liquide à la corruption par mille fautes qu'évitera la gestion sociétaire.

» Il n'est pas d'économie reconnue plus urgente que celle du combustible ; elle devient énorme dans l'état sociétaire. Une phalange n'a que cinq cuisines, au lieu de trois cents, savoir : la commande ou extra ; les première, deuxième, troisième classes ; les préparations pour animaux.

» Leur ensemble peut s'alimenter de trois grands feux qui, comparés aux trois cents feux des cuisines d'une bourgade, portent l'économie du combustible à neuf dixièmes.

» Elle n'est pas moins énorme sur les feux de maître ; les groupes, soit en relations d'industrie interne ou manufacturière, soit en relations de plaisir, bal, exercent toujours en réunions nombreuses et dans des salles consécutives ou *séristères*, servies par des poêles à vapeur qu'on ne chauffe que trois heures pour vingt-quatre. Les feux particuliers sont très-rares, excepté au fort de l'hiver, chacun ne rentrant guère chez soi avant l'heure du coucher, où il se borne à un petit brasier pour le déshabillé.

» D'ailleurs, le froid est insensible dans l'intérieur du phalanstère; il y règne dans tous les corps de logis, comme nous l'avons vu, des galeries couvertes et chauffées à petit degré, au moyen desquelles on communique partout, à l'abri des injures de l'air. On peut aller aux ateliers, aux réfectoires, aux bals et réunions, sans besoin de fourrures, ni bottes, sans risque de rhumes ni fluxions. La communication fermée s'étend même du phalanstère aux étables par souterrains sablés ou par couloirs élevés sur colonnes à la hauteur de premier étage.

» La gestion combinée donne lieu à une foule d'économies. Cent laitières qui vont perdre cent matinées à la ville seront remplacées par un petit char suspendu portant un tonneau de lait. Cent cultivateurs qui vont, avec cent charrettes ou ânons, un jour de marché, perdre cent journées dans les halles et les cabarets, seront remplacés par trois ou quatre chariots que deux hommes suffiront à conduire et servir. Au lieu de trois cents ménagères, dix femmes

suffiront à la préparation des aliments et aux
détails domestiques.

 » Que l'on compare spéculativement les cultures d'un canton sociétaire gérant comme une
seule ferme, et les mêmes cultures morcelées,
soumises aux caprices de trois cents familles.
L'un met en prairie telle pente que la nature
destine à la vigne, l'autre place le froment là
où conviendrait le fourrage : celui-ci, pour
éviter l'achat de blé, défriche une pente roide
que les averses déchausseront l'année suivante ;
celui-là, pour éviter l'achat du vin, plante des
vignes dans une plaine humide. Les trois cents
familles perdent leur temps et leurs frais à se
barricader par des clôtures et plaider sur des
limites et des voleries ; toutes se refusent à des
travaux d'utilité commune qui pourraient servir des voisins détestés ; chacun ravage à l'envi
les forêts, et oppose partout l'intérêt particulier
au bien public. Les précautions contre les insectes et les animaux sont illusoires, parce que
la masse n'y coopère pas ; les battues de loups
n'empêchent point que ces animaux ne foison-
nent. Si, à force de soins, vous détruisez les

rats de vos greniers, vous serez bientôt assailli par ceux des greniers voisins et des champs qu'on n'aura pas purgés par mesures générales, impossibles en civilisation, où l'on ne peut pas même effectuer l'échenillage, ordonné tous les ans et jamais exécuté.

. » Le risque de vol oblige trois cents familles d'une bourgade, ou du moins les cent plus aisées, à une dépense improductive de cent murs de clôture, barricades, fermetures, bornes, chiens, fossés, surveillants de jour et de nuit. Analysons, quant au fruit seulement, les dommages du vol. Chacun a pu voir, dans les villes populeuses, les marchés garnis de fruits verts et très-malsains, surtout ceux à noyau. Si l'on reproche aux paysans cette cueillette prématurée, ce meurtre végétal, chacun d'eux répond : *On me les volera, si j'attends qu'ils soient mûrs.* Nous avons vu que la crainte du vol vicie également la qualité de tous les vins, par la coutume de cueillette intégrale et simultanée, dite *ban de vendange.* Le vol vicie de même la qualité des autres fruits en forçant à la cueillette prématurée. A défaut de récolte faite en temps opportun et en trois degrés, pour éviter les

11.

mélanges de vert, mûr et passé, il devient difficile et même impossible de conserver les
fruits : cet inconvénient concourt, avec le défaut de bons fruitiers et procédés scientifiques, à
réduire au vingtième la masse des fruits conser-
vés et à réduire en même proportion la culture
de ces végétaux. Une perte encore plus rui-
neuse, et qu'on peut estimer au vingtuple de
la récolte, c'est le dégoût de plantations, à
cause des avances, des frais, de la crainte d'être
trompé, volé, mal secondé; enfin tous les in-
convénients du système de culture morcelée.

» La pêche et la chasse seraient églement susceptibles, en gestion unitaire, d'un accroissement considérable en produits.

» Le poisson de rivière est d'autant plus précieux, qu'il n'exige aucun soin, et que sa multiplication extrême n'est pas, comme celle du
gibier, préjudiciable aux récoltes. Quelle serait
l'abondance du poisson dans le cas de concert
général sur l'intermittence de la pêche et les
doses à laisser dans chaque rivière! Cet accord
est une des propriétés de l'ordre sociétaire. J'ai
ouï dire à des experts dignes de foi qu'on prendrait, année commune, vingt fois plus de pois-

son dans toutes les petites rivières si l'on pouvait se concerter pour ne faire la pêche qu'en temps opportun, en quantité mesurée sur les convenances de reproduction, et si l'on donnait à la chasse aux loutres le quart du temps qu'on emploie à ruiner la rivière. C'est ainsi qu'opère l'association, qui ajoute au produit des rivières celui des viviers à courant, servant à conserver et engraisser, dans une série de réservoirs, les sortes distinctes.

» Les naturalistes admirent la munificence de la nature dans la colonne de harengs qu'elle nous envoie chaque année, grâce à la barrière des glaces polaires qui les garantit de nos poursuites pendant le temps où ils multiplient. Supposons que cette barrière n'existât plus, et que le pôle fût parcouru et pêché en tout temps par nos vaisseaux, il est certain que l'avidité et la jalousie des pêcheurs priveraient le Nord de cette manne céleste. On tirerait à peine du hareng le vingtième produit que nous garantit sa paisible multiplication sous ces glaciers, gages de vingtuple récolte.

» Le gibier est à la fois l'ornement des campagnes, la richesse de l'homme et le destructeur des insectes malfaisants. S'il faut éviter l'excessive pullulation de quelques espèces, il faut prévenir de même leur destruction. Les cultivateurs se plaignent que l'affluence des chasseurs encombre de chenilles toutes les cul-tures, en détruisant les oiseaux qui mangent les vermisseaux : le chasseur ne tue pas le moineau qui consomme beaucoup de blé ; mais il tue les oiseaux qui mangent les insectes.

» En spéculant sur un ordre de choses où le travail agricole deviendra plus attrayant que la chasse, qui par suite sera négligée et réduite au nécessaire, on trouvera les résultats sui-vants :

» Bénéfice *négatif*, ou augmentation du gibier sans aucun soin, les neuf dixièmes en sus.

» Bénéfice *positif*, ou destruction des insectes.

. . . .

. . . .

» Dans ces aperçus de richesse, je n'ai pas mentionné le principal, qui est la santé de l'homme et des animaux, le perfectionnement des races et la longévité des individus, princi-palement de l'homme et du cheval, qui sont les êtres les plus coûteux à élever, et dont pourtant la politique sacrifie des légions comme on sacrifierait des moucherons.

- » Si l'association élève tout produit à sa plus haute perfection, celle de l'homme devra atteindre au moins au triple effectif en force, en longévité, en intelligence. L'association a vertu d'extirper tous les venins pestilentiels, et toutes les maladies essentielles, goutte, fièvre, épilepsie, rhumatisme et autres qui naissent du régime vicieux des civilisés, et seront presque inconnues en harmonie, par suite d'une vie active et de plaisirs variés sans excès.

» On conçoit quelle sera, en association, l'amélioration des races d'animaux, par exemple du cheval. Quand on le voit prospérer en Arabie, dans quel pays ne prospérera-t-il pas, moyennant les soins convenables? Tel canton qui ne contient aujourd'hui que des rossinantes, comme les Ardennois, valant à peine 100 francs, les aura remplacés, sous vingt ans, par des chevaux de 3,000 francs, prix actuel ; et toute phalange saura, même en terrain aride, se pourvoir de bonnes races et de bons pâturages. En conséquence, l'Ardenne, sur la seule amélioration des chevaux, atteindra, sous vingt ans, à la trentuple valeur du produit; et ainsi des moutons, bœufs et autres animaux, dont le perfectionnement produira partout d'énormes bénéfices.

» L'association jouit de la propriété d'apprivoiser plusieurs espèces encore indisciplinées, comme castor et zèbre : aussi les laines de castor et de vigogne y seront-elles abondantes, comme aujourd'hui celles de mérinos. Les castors y construiront en sûreté leur édifice dans des vallons palissadés. Les zèbres, *séduits*, et non pas *domptés*, par des méthodes impraticables aujourd'hui, serviront docilement de monture aux enfants de dix à douze ans, formant des escadrons de petite cavalerie (puissant moyen d'émulation pour cet âge). Le zèbre et le quagga, deux porteurs magnifiques, supérieurs au cheval en vélocité, égaux à l'âne en vigueur, sont une conquête impossible à la civilisation : lors même qu'elle connaîtrait le procédé nécessaire à les apprivoiser, elle n'en pourrait pas faire usage, parce qu'elle manque de tout ce qui peut se prêter aux convenances instinctuelles de ces quadrupèdes.

» Mettant à part ces brillants résultats, il suffit des accroissements de richesses que promet l'association pour stimuler à en chercher le procédé. Comment a-t-on pu tarder trois mille ans à poser en principe que c'est l'association, et non le morcellement, qui est destinée de l'homme, et que, tant qu'on ignore la théorie de l'association domestique, l'homme n'est point parvenu à sa destinée ?

» Pour apprécier la justesse de ce principe, réfléchissons sur l'immensité de connaissances qu'exige l'agriculture, et sur l'impossibilité où est le villageois de réunir seulement le vingtième des moyens qui constitueraient le parfait agronome : il faudrait qu'à de grands capitaux il pût ajouter les lumières disséminées sur cent têtes savantes, et deux cents praticiens consommés ; en outre, il faudrait rendre immortel l'agronome doué de ces nombreuses connaissances qu'on voit aujourd'hui éparpillées parmi trois cents théoriciens ou praticiens. Si le propriétaire dont il s'agit mourait sans avoir un successeur d'égal talent, on verrait aussitôt péricliter les dispositions qu'il aurait faites, et le canton décliner rapidement.

» Ce n'est que dans l'association qu'on pourra réunir à perpétuité les talents et les capitaux dont je viens de supposer le concours ; l'association est donc le seul mode sur lequel le créateur ait pu spéculer, car en la supposant appliquée à des cantons d'environ quinze cents habitants, elle rassemblera dans chaque canton cette masse de lumières qui se perpétueront par transmission corporative. Un fils n'hérite point des connaissances de son père ; mais, sur un canton de quinze cents habitants, il se trouvera des sujets aptes à hériter du talent des habiles sociétaires à l'école de qui ils auront été formés. Ces transmissions de talent sont une propriété inhérente à la *série passionnelle*, disposition qui préside à tous les détails industriels de l'état sociétaire (1). »

Venons à la distribution agricole d'un canton sociétaire. J'ai parlé du matériel de ses édifices, des économies et des bénéfices de la gestion unitaire. Donnons une idée générale de ses campagnes, de là nous passerons au mécanisme des séries qui exploitent le canton.

(*) Fourier, *Association agricole et domestique.*

CHAPITRE VIII.

Culture sociétaire.

« On vante nos progrès en agriculture ; on les admire comparativement à l'impéritie des barbares : est-ce donc marcher à la perfection que d'être un peu moins stupide qu'un voisin ignare ? Si nous pouvions voir les cultures des harmoniens au bout d'un demi-siècle, temps nécessaire pour la restauration des forêts, qui ne peuvent pas croître, comme les choux, d'une saison à l'autre, nous serions bien surpris de reconnaître que la civilisation, avec son jargon de perfectibilité, est pleinement sauvage en diverses branches de culture , comme les prairies, et que , sur d'autres objets d'intérêt très-majeur, notamment les eaux et forêts , nous sommes fort au-dessous des sauvages ; car nous ne nous bornons pas à laisser , comme eux , les forêts incultes et vierges , nous y portons la cognée et le ravage, d'où résultent l'éboulement des terres, le déchaussement des pentes et la détérioration du climat. Ce vice , en détruisant les sources et multipliant les orages , cause en double sens le désordre du système aquatique. Nos rivières toujours alternant d'un excès à l'autre , des crues subites aux longues sécheresses causent des dégâts périodiques , et ne peuvent nourrir que très-peu de poisson , qu'on a soin de détruire dans sa naissance et réduire au dixième de ce qu'il devait produire. Ainsi nous sommes pleinement sauvages sur la gestion des eaux et forêts.

» Combien nos descendants maudiront la civilisation en voyant tant de montagnes dépouillées et mises à nu, comme celles du midi de la France , que les armées d'harmonie seront obligées de recouvrir et boiser à grand'peine pendant plusieurs siècles! Ce dégât, tout récent ,

est principalement l'ouvrage des temps qu'on
appelle beau siècle des lettres sous Louis XIV,
et beau siècle de philosophie sous Louis XV ; ces
deux beaux âges modernes seront nommés,
dans l'avenir, *les deux Attilas* de l'agriculture
et des climatures qu'ils ont dévastées, en nous
donnant pour consolation de belles théories,
bien impraticables, sur l'aménagement des
forêts.

» La culture sociétaire comporte trois modes
amalgamés :

1° L'ordre simple ou massif ;

2° L'ordre ambigu ou vague ;

3° L'ordre composé ou engrené.

» 1° *L'ordre simple ou massif* est celui qui
exclut les entrelacements ; il règne en plein
dans nos pays de grande culture, où tout est
champ d'un côté, tout est bois de l'autre,
quoiqu'on voie, dans la masse des terres à blés,
beaucoup de points qui pourraient convenir à
beaucoup d'autres cultures, et surtout aux lé-
gumineuses ; de même que, dans la masse des
bois, on trouve beaucoup de pentes douces qui
pourraient convenir à une clairière cultivée,
en améliorant la forêt où il faut ménager des

espaces vides par le jeu des rayons solaires , la circulation de l'air et la maturité du bois.

2° *L'ordre ambigu ou vague et mixte* est celui des jardins confus qu'on nomme *anglais* et qu'on devrait nommer *chinois* , puisque l'Angleterre a emprunté des Chinois cette méthode fort agréable quand elle est employée à propos, mais non pas avec la mesquinerie civilisée qui rassemble des montagnes et des lacs dans un carré de la dimension d'une cour. L'harmonie , étant ennemie de l'uniformité, emploiera, sur divers points d'un canton et notamment dans les pays coupés , comme le pays de Vaud , cette méthode chinoise ou vague et ambiguë qui rassemble, comme par hasard, toutes sortes de cultures et de fonctions ; elle formera un contraste piquant avec les massifs et lignes engrenées.

» 3° L'ordre *composé et engrené* est l'opposé du système civilisé, selon lequel chacun tend à se classer et s'entourerait volontiers de bastions et batteries de gros calibre. Chacun, en civilisation, veut se retrancher et faire une citadelle de sa propriété. On a raison en civilisation, parce que cette société n'est qu'un ramas de voleurs gros ou petits, dont les gros font pendre les petits ; mais , en harmonie , où l'on ne peut pas essuyer le moindre vol, on emploie, autant qu'il se peut, dans les distributions de culture , l'*ordre composé ou méthode engrenée*, selon laquelle chaque série s'efforce de jeter des rameaux sur tous les points , engage des lignes avancées et des carreaux détachés dans tous les postes des séries dont le centre d'opération se trouve éloigné du sien.

» L'ordre massif est le seul qui ait quelque rapport avec les méthodes grossières des civilisés ; ils réunissent toutes les fleurs d'un côté , tous les fruits de l'autre : ici , toutes les prairies, là toutes les céréales ; enfin ils forment partout des masses dépourvues de lien ; leur culture est en état d'incohérence universelle et d'excès méthodiques.

» D'autre part , chacun , sur son terrain, fait abus de la méthode engrenée ; car chacun voulant recueillir, sur le sol qu'il possède , les objets nécessaires à sa consommation, accumule vingt sortes de cultures sur tel terrain qui n'en devrait pas comporter la moitié. Un paysan cultivera pêle-mêle blé et vin , choux et raves ,

chanvre et pommes de terre , sur tel sol où le
blé seul aurait convenu ; puis le village entier
mettra en blé exclusivement quelque terrain
éloigné qu'on ne peut pas surveiller contre le
vol et qu'il aurait convenu de mélanger de
diverses plantations.

» En harmonie , les distributions de culture
s'établissent en pleine convenance avec le terrain , et rien n'empêche qu'on répartisse à
chaque sol ce qui lui est assorti. Cette répartition s'opère selon les trois modes indiqués plus
haut : le massif , le vague et l'engrené. L'état
sociétaire , exploitant un vaste canton comme
s'il était domaine d'un seul homme , *et sans
risque de larcin* , peut admettre combinément
l'emploi des trois modes. Leur amalgame garantit l'utile et l'agréable ; il réunit les avantages du produit à ceux du coup d'œil , à la faculté de marier les groupes de travailleurs en
réunion locale , de combiner leurs travaux ,
les activer par l'émulation ; c'est l'union du
beau et du bon.

» A cet effet , chaque branche de culture
cherche à s'entrelacer et pousser des divisions
parmi les autres. Ainsi le parterre et le potager,

qui sont parmi nous les deux divisions voisines de l'habitation , ne sont point , dans une phalange , rassemblés et confinés aux attenances du palais : tous deux poussent dans les campagnes de fortes lignes , ou des masses détachées de fleurs et de légumes , qui diminuent par degrés , s'engagent par détachements successifs dans les champs , vergers , prairies et forêts dont le sol peut leur convenir ; et , de même , les vergers , qui sont plus éloignés du phalanstère ou palais , ont , à sa proximité , quelques postes de ralliement , quelques lignes d'arbustes et d'espaliers engagées dans le potager ou entre les lignes de fleurs et de légumes. »

Cet engrenage , en même temps que flatteur à l'œil , favorise le mécanisme du travail par groupes et séries passionnées , ou *industrie attrayante* , dont nous allons exposer succinctement la théorie. L'association intégrale , multipliant indéfiniment les richesses, n'est que le côté matériel du système ; l'homme n'est pas fait seulement pour produire et consommer , il lui faut les jouissances de l'âme , le développement des facultés , l'essor des passions ; il lui

faut la liberté , les lumières, l'enthousiasme
du beau , l'amour du vrai. C'est par la découverte de *l'attraction passionnée* que Fourier
nous assure tous ces biens.

CHAPITRE IX.

Industrie attrayante.

Le libre déploiement des facultés et des forces pour chacun constitue la liberté vraie et l'égalité naturelle dans les sociétés civilisées ; même dans les pays constitutionnels, la liberté est purement illusoire, puisque nous sommes tous, à très-peu d'exceptions près, attachés à des travaux répugnants, et nullement libres de suivre notre volonté, notre inclination. La vie se passe à faire ce qui plaît le moins. Il est surtout deux sujétions pour la classe la plus utile des travailleurs : la misère et l'ignorance. L'éduca-

tion commune, le développement de toutes les
facultés, de toutes les aptitudes, la carrière ouverte à toutes les vocations, peuvent seuls réaliser l'égalité des droits, classer chacun selon sa
capacité. Les républicains l'ont compris : l'é-
ducation unitaire base leur système ; mais comment est-elle possible dans une société qui n'est
point, comme celle de Sparte, fondée sur l'esclavage? comment engager aux travaux grossiers et la domesticité des hommes élevés dans
la culture des sciences, des lettres et des arts?
Si on ne les y engage point, on les *forcera* donc?
Ce serait, au lieu de liberté et d'égalité, le plus
odieux despotisme et la plus intolérable oppression.

En civilisation, presque tous les travaux sont
répugnants. Que l'on consulte les travailleurs
dans toutes les professions, et, à peu d'exceptions près, chacun témoignera ennui et dégoût.
Depuis le manœuvrier, le cultivateur, l'ouvrier,
l'ouvrière, s'abrutissant dans la monotonie d'un
travail toujours semblable qui endort les facultés pensantes, jusqu'au marchand dans son
comptoir, le soldat qui fait l'exercice et l'officier
qui le commande, le pédagogue dans sa chaire,

l'artiste qui travaille pour vivre, depuis le dernier des salariés de l'État jusqu'au ministre, le plus grand nombre est mortellement ennuyé et fatigué de travaux insipides qui, chaque jour, recommencent avec une invariable et éternelle monotonie. Chacun soupire après le repos, et ne recommence sa tâche de chaque jour que par la nécessité de pourvoir à des besoins qui vont toujours s'élargissant par la charge d'une famille, l'éducation et l'établissement des enfants. La civilisation serait détruite subitement si elle ne faisait du travail une nécessité rigoureuse, si elle n'utilisait quelques passions au cœur de l'homme, telles que la vanité, l'ambition, l'amour des richesses, du plaisir, du luxe, des liens de famille. Il faut, ou la faim, les besoins physiques, ou plusieurs passions mises en jeu, pour vaincre au cœur des civilisés le dégoût et la répugnance au travail; et il n'est presque aucun qui ne souhaite ardemment un changement de fortune qui lui permette de croiser les bras et ne rien faire que s'amuser. Et cependant, si les travaux de la civilisation généralement rebutent et tiennent le cœur dans un désir perpétuel de changement, les oisifs, à quelque classe qu'ils appartiennent, par le seul fait de leur oisiveté, offrent le spectacle de l'ennui, de la satiété, d'une inquiétude vague, de désirs sans objet : d'où les moralistes concluent que rien sur cette terre ne peut satisfaire l'homme; que sa nature ne présente que caprices, bizarreries, contradictions.

N'est-ce point la civilisation seule qu'il faut accuser, la civilisation qui change toutes les lois de la nature et produit la contradiction apparente de l'homme en le plaçant entre son devoir et son plaisir, l'intérêt individuel et l'intérêt collectif? Est-ce le travail en lui-même qui rebute, ou bien ne sont-ce point des causes accessoires? Le travail est, bien certainement, une loi de la nature, une loi divine. La destinée de l'homme sur la terre est bien évidemment de la cultiver, de l'embellir, en même temps qu'il pourvoit à ses besoins et se crée des jouissances. Le travail, venant de Dieu, peut-il être une loi rigoureuse? Dieu a-t-il pu vouloir que la vie de l'homme, nécessairement consacrée au travail, fût un effort pénible, une fatigue constante? Voyons-nous, dans l'état de nature, que le travail soit pénible aux animaux? L'est-il au

sauvage qui, libre dans ses travaux, libre dans
son repos, préfère mille fois sa vie de misère et
de privations, les dangers toujours présents, la
lutte constante avec la nature, à tous les arts et
les prodiges de la civilisation? Jamais le sauvage n'a consenti volontairement à habiter
parmi nous et à s'adonner à nos travaux. Sa
plus grande imprécation contre un ennemi, c'est
de lui souhaiter *de conduire la charrue*, à ses
yeux symbole de civilisation. Jamais la civilisation n'a pu vaincre la barbarie ni la sauvagerie. Les sauvages et les barbares nous mépri-
sent et s'estiment plus heureux, dans leur apathie
et leurs mœurs grossières, que nous civilisés.
Ce seul fait prouve irrécusablement que la civilisation ne renferme en elle-même aucun
moyen de parvenir à l'unité sociale du globe.
Qu'est-ce donc qu'un état social qui ne contente
même pas ceux qui vivent sous ses lois, et
tient en dehors de ses lois six cents millions de
sauvages et barbares qui cependant font partie
du genre humain et sont nos frères selon la loi
naturelle et divine.

Puisque le travail est une loi positive pour
tous les hommes sans exception, puisqu'il est

13

la destinée providentielle de l'homme sur cette terre, ne serait-ce point *le travail attrayant* qui, par des lois nouvelles, conciliera pour l'homme le devoir et le plaisir, et, attirant les sauvages et les barbares à l'industrie et aux arts, harmonisera le genre humain par une même impulsion et un attrait semblable?

En quoi le travail est-il répugnant? Regardons autour de nous, saisissons la nature sur le fait, nous verrons que le travail est répugnant quand il est forcé, obligatoire, arbitraire; quand il est continu et monotone; quand il est isolé, sans rivalité ni émulation. Le paysan qui laboure seul son champ durant douze heures de la journée, sans autre stimulant que de gagner un morceau de pain; l'ouvrière qui, seule dans sa mansarde, tire son aiguille toute une journée et une partie de la nuit, sans autre stimulant que la nécessité de gagner sa subsistance; l'employé qui pâlit douze heures, accoudé à un bureau sur une besogne ingrate, qui ne lui procurera ni honneur, ni avancement, mais seulement de maigres appointements à la fin du mois : tous ces *parias* de la civilisation ne peuvent qu'avoir une profonde répugnance pour leurs travaux journaliers. Mais changez quelques accessoires à ces mêmes travaux, et déjà ils seront moins répugnants. Les moissons et les vendanges, où les travailleurs rassemblés s'animent les uns les autres par des chants joyeux, et rivalisent de promptitude et d'adresse, ces travaux ne sont point pénibles, mais, au contraire, offrent de l'attrait. Les jeunes ouvrières, réunies dans des magasins, rivalisant à qui terminera le plus vite sa besogne, ou mettra le plus de grâce à un nœud de rubans, à la façon d'un corsage, se distrayant, s'égayant par des rires, des chants, des paroles badines, trouvent le travail moins pénible que l'ouvrière qui doit l'accomplir dans le silence et dans l'isolement. Qu'on donne à l'employé à rédiger un mémoire intéressant qui ira jusqu'au ministre et lui procurera de l'avancement, aussitôt il se sentira plein d'ardeur et d'émulation. Ces exemples, que je pourrais multiplier à l'infini, prouvent que la même besogne, par des motifs qui lui sont accessoires, peut, sans changer de nature, être répugnante ou attrayante à divers degrés.

Nous pouvons poser pour maxime que tout

travail volontaire est attrayant. L'oisiveté est contre nature ; tout le monde généralement, selon qu'il a plus ou moins de loisir, se crée des travaux en guise d'amusement et donne, de la sorte, essor aux aptitudes particulières entravées par l'éducation. Combien d'amateurs en musique et en peinture qui cultivent ces arts passionnément dans leurs moments de loisir ! combien, au contraire, d'artistes de profession qui, poussés malgré eux à cette carrière, ne l'exercent qu'avec dégoût ! Il en est de même de toutes les branches de l'industrie et des sciences. Suivant une vocation particulière, toute naturelle et instinctive, les hommes s'y portent avec entraînement et passion, ou bien, si la vocation manque, avec ennui et répugnance. Combien de plaisirs même, tels que la pêche, la chasse, qui sont de véritables travaux, auxquels les hommes s'adonnent passionnément ! On les voit supporter les plus rudes fatigues, le froid, le chaud, la faim, se laisser mouiller, crotter, et tout cela, souvent sans se soucier même du gibier ou du poisson qu'ils rapportent, mais parce que c'est un travail volontaire et qu'il intrigue leur esprit par ses chances variées.

Tous les penchants et aptitudes divers com-
mencent déjà à poindre chez les enfants ; et,
par une sage disposition de la nature, nous en
voyons la majorité enclins aux travaux les plus
généralement utiles. Peu d'enfants ont du goût
pour les études abstraites, montrent des disposi-
sitions aux sciences ; mais presque tous sont
portés à la culture, au jardinage, et ce goût ne
fait qu'accroître avec l'âge. Combien d'hommes
sont heureux, s'ils possèdent un petit jardin,
de pouvoir le cultiver de leurs mains et en
montrer les produits ! Le penchant aux arts
mécaniques et aux métiers est aussi général
que celui de la culture. On voit les enfants
jouer volontiers maçon, serrurier, menuisier,
en imiter les travaux, se montrer ingénieux,
adroits, inventifs. Beaucoup d'hommes conservent ce goût, nonobstant tout ce que l'éducation et les circonstances ont fait pour les en
détourner ; on les voit généralement s'intéresser
à la mécanique, aux arts et aux métiers ; beaucoup même pratiquent pour leur amusement,
sont menuisiers, horlogers, maçons, architectes,
mécaniciens dans leurs moments de loisir. On
connaît la rédilection de Louis XVI pour la

serrurerie et à quel point il y excellait ; Pierre le Grand pratiqua lui-même avec passion tous les arts qu'il voulait introduire en Russie; le dernier empereur d'Autriche aimait à faire des pains à cacheter ; Ferdinand de Naples vendait lui-même au marché le poisson qu'il avait pêché. Tout le monde a aptitude à divers travaux, et le penchant suit toujours l'aptitude. Malheureusement, en civilisation, on ne consulte guère l'aptitude et le penchant. L'éducation dépend des fortunes et des conditions ; les gens aisés ne pourraient consentir à ce que leurs fils devinssent maçons, serruriers, menuisiers, agriculteurs; les artisans et les paysans n'ont pas le choix de la profession pour leurs enfants ; de sorte que chacun est à peu près placé contre son goût et passe sa vie à des occupations pour lesquelles il n'a ni penchant, ni volonté. C'est peut-être la principale cause de l'inquiétude, du malaise, de l'ennui , du dégoût qui assiégent communément les esprits et font de la vie un poids qu'on ne sait comment alléger.

Chez les femmes, on voit également des aptitudes et des vocations innées qui se généralisent en proportion qu'elles sont spéciales à leur sexe et utiles au genre humain. Presque toutes ont du penchant à soigner, élever et instruire les petits enfants, même avant d'être mères; la plupart ont le goût de tout ce qui concerne la parure, ainsi que la vocation des soins d'intérieur, du ménage proprement dit. Mais là ne se bornent point leurs aptitudes diverses; elles en ont, ainsi que les hommes, pour toutes les branches des arts, des sciences et de l'industrie, qui n'excèdent point leurs forces physiques et ne nuisent pas à la grâce et à la modestie, apanage de leur sexe.

Il est donc certain que les travaux en eux-mêmes ne sont pas répugnants; ce qui les fait paraître tels, ce sont, en premier lieu, les entraves apportées au développement des vocations, et la contrainte, la loi de nécessité qui fait suivre aux sept huitièmes (*) des hommes des professions qui leur sont antipathiques.

En second lieu, c'est la continuité d'un

(*) J'ai dit que, dans tous les calculs de la science sociétaire, il faut toujours admettre un huitième d'exception.

même travail. Chaque homme ne suit guère qu'une profession ; il fait douze heures la même chose et recommence chaque jour la tâche de la veille. Plus l'emploi est monotone, plus il engendre d'ennui ; moins il active les facultés intellectuelles, et plus il abrutit. Le marchand qui aune du drap tout le jour ; le commis qui compare éternellement des colonnes d'addition ; l'ouvrière qui tire son aiguille sans relâche, et l'ouvrier qui fait, quinze heures durant, des têtes d'épingles, doivent à la longue perdre de leurs facultés sentantes et pensantes, ou bien se trouver les plus malheureux des êtres. L'homme cloué à une profession routinière devient semblable à une machine. Au contraire, rien n'est naturel comme le goût de la variété, rien ne développe les facultés comme la variété. La monotonie tue l'homme, elle le tue physiquement et moralement. On en voit un exemple saillant dans les esclaves russes et polonais qui, n'étant adonnés qu'à une division minime des travaux et faisant perpétuellement la même chose, sont comme stupides et perdent même la faculté de converser. Ils oublient peu à peu de penser et de sentir, et deviennent semblables à l'idiot de naissance. N'est-il pas quelques endroits en France où les paysans offrent le même spectacle déplorable? La misère opère comme l'esclavage. L'Angleterre présente une semblable dégradation de l'homme dans la classe infime. Généralement, les professions abrutissent et dégoûtent en proportion de leur monotonie et de leur continuité. Pourquoi la profession d'artiste, de littérateur, est-elle la plus enviée, la plus recherchée? parce que le peintre, le littérateur peuvent extrêmement varier leurs travaux, et que mille études diverses se rattachent à leur art.

Qu'on observe les personnes maîtresses de leur temps, elles font sans cesse succéder les occupations et même les plaisirs les uns aux autres. Ce qu'on appelle plaisir est insupportable quand il dure trop. Ce que l'homme veut, c'est la variété; d'ailleurs la continuité d'une même occupation est en opposition avec les aptitudes naturelles, car toute créature est douée d'un très-grand nombre d'aptitudes que l'éducation devrait développer et l'état social alimenter; mais, au contraire, l'éducation semble prendre à tâche de les étouffer toutes, et l'état

social de n'en contenter aucune. Dans l'antiquité et au moyen âge, où l'éducation mieux
entendue était plus libre, plus spontanée, la
plupart des hommes marquants se distinguèrent
dans plusieurs branches spéciales d'études,
furent à la fois guerriers, artistes, hommes
d'État, orateurs, législateurs. Aujourd'hui l'éducation rapetisse les hommes ; ils n'excellent
guère que dans une chose, quand ils excellent.
On ne retrouve la variété naturelle des aptitudes que chez la classe aisée qui allie à quelque
profession commode la culture des lettres, des
arts, des sciences, et la *manie*, comme on dit,
de quelque métier, quelque industrie, bâtisse,
agriculture, menuiserie ; c'est aussi la classe la
plus enviée : elle peut suivre ses goûts, *travailler pour son plaisir*. Chacun sent instinctivement que c'est l'état normal de l'homme, et
que le plus grand malheur est de faire, chaque
jour et toute la vie, ce qui déplaît : c'est le sort
de la classe la plus utile et la plus nombreuse.
Mais, tandis que le législateur n'a pas même
pourvu à ce que le travail abrutissant fût assuré,
comment aurait-on pensé à seconder le vœu de
la nature, à rendre le travail attrayant ?

C'est ici le lieu d'examiner le préjugé qui tend à reléguer toutes les femmes dans l'intérieur de leur ménage et borner leur activité et leurs facultés aux soins qu'il exige. L'aptitude, le penchant aux soins du ménage et à l'éducation des enfants est général chez les femmes; mais nulle ne saurait s'y borner entièrement. Les femmes comme les hommes ont besoin de variété; la nature a pris soin d'y satisfaire en les douant, comme les hommes, de diverses aptitudes artistiques et industrielles. Malgré les entraves de l'éducation et des préjugés, ces aptitudes se font jour chez un très-grand nombre de femmes dont on ne peut nier les talents évidents. Les soins du ménage peuvent si peu absorber la vie des femmes, qu'on les voit dans la classe aisée se faire suppléer par des salariées et chercher la variété dans les plaisirs, lorsque ce n'est point dans quelque travail attrayant. Dans les classes pauvres, on voit les malheureuses femmes forcées à allier les soins du ménage et des enfants à quelque profession qui leur sert de gagne-pain; on les voit se distraire d'un ennui par un tracas, ne point suffire, avec le dévouement le plus entier, même aux soins

physiques des pauvres enfants , et passer leur
vie dans les privations , dans la misère , en
recommençant , chaque jour , les chagrins de
la veille , sans espoir d'avenir.

Il est une autre classe de femmes auxquelles
les moralistes et les philosophes , qui veulent
que le ménage soit leur destinée exclusive, n'ont
jamais songé, et qui cependant forment *le tiers*
des femmes : ce sont celles , dans toutes les classes, depuis les plus infimes jusqu'aux plus élevées , qui ne se marient point , soit par excès de
misère ou bien pauvreté relative ; ce sont les
femmes qui , dans une société basée sur la
famille , n'ont point de famille , *n'ont point
trouvé de maris ,* comme on dit vulgairement ,
et n'ont ni ménage , ni enfants , ni affections ,
ni soutien , ni avenir , ni carrière , ni but quelconque à leur vie. De toutes les créatures victimes de la civilisation, qu'on n'en doute point,
les plus malheureuses , ce sont ces femmes , et
malheureuses en proportion qu'elles ont une
âme noble , élevée , un esprit actif , un cœur
aimant. Qu'on joigne à ces femmes toutes celles
qui ne trouvent dans le mariage que chagrins
amers , qui n'ont point d'enfants , qui ont perdu

leurs enfants, qui, élevées dans l'aisance, souffrent la gêne, les privations, la misère, sans que l'éducation leur ait appris à travailler, et sans, d'ailleurs, que la société leur offre de carrière, et qu'on dise, si on en a le cœur, que la législation et la philosophie ont pourvu suffisamment au sort des femmes, en leur donnant pour soin unique, pour but unique, pour aliment unique à toutes leurs facultés dévorantes, le soin du ménage et des enfants.

Ainsi le ménage, prétenduement destinée exclusive des femmes, manque à un tiers d'entre elles, ne suffit pas à absorber la vie du petit nombre qui, heureuses mères, heureuses épouses, jouit des dons de la fortune, et n'est autre qu'une charge accablante, un ennui dévorant pour les mères qui, ne pouvant se faire aider, sont, du matin au soir, occupées à mettre de l'ordre dans le désordre, et doivent joindre à ces tracas le fardeau d'un gagne-pain journalier.

La monotonie et la continuité d'une même occupation ne concordent pas plus avec les facultés actives des femmes qu'avec celles des hommes. Aux uns et aux autres, il faut la

variété que demandent les divers penchants et
aptitudes dont chacun est doué. Les femmes
particulièrement sont victimes du système morcelé qui les asservit exclusivement aux soins
domestiques.

Le travail est encore répugnant, dans l'état
actuel, par l'isolement des travailleurs et l'incohérence des travaux. Chacun a pu reconnaître
par expérience la différence d'un travail isolé,
sans but ni émulation, ou bien de travaux faits
en commun, où règnent l'émulation et les rivalités. Dans les colléges, nonobstant l'aridité
et la sécheresse des études, déjà la méthode
simultanée donne quelque attrait au travail le
plus répugnant. C'est principalement dans les
écoles d'enseignement mutuel que l'on peut
juger de la puissance de l'émulation. Toutefois
la nature de l'enfant est plus curieuse à observer quand, libre de contrainte et d'entraves, il
peut s'abandonner à ses penchants. Voyez les
élèves en récréation : sur-le-champ se divisant
par groupes, selon les sympathies et la confor-
mité des goûts, ils inventent mille jeux, imitent mille travaux, font preuve d'adresse, de
force et d'un esprit singulièrement inventif et

ingénieux. Tous les jeux ou travaux qu'ils imaginent leur plaisent du moment qu'ils sont spontanés et partagés. Il n'y a pas de péril qu'ils ne soient prêts à braver, ils ne sentent ni la faim, ni le froid, ni la douleur. Voyez-les glisser sur la glace, se jeter des boules de neige, tomber, se heurter, donner et recevoir de rudes coups, et ne faire qu'en rire et s'en égayer; voyez-les même pâlir sur leurs rudiments et s'enseigner les uns les autres, s'il y a le stimulant de quelque examen à subir, de quelque prix à remporter; voyez-les se livrer à la culture, au jardinage, manier la bêche et le râteau, bâtir, construire, faire des fossés, des palissades, simuler des combats, rivaliser à qui supportera le mieux la douleur et la fatigue. C'est que douleurs, fatigues, travaux deviennent plaisirs et jouissances quand il y a rivalité, émulation. La guerre est le plus triste, le plus affreux des métiers. Quel est le soldat qui pourrait aller seul et de sang-froid s'exposer au canon ennemi ou enfoncer la baïonnette dans le cœur d'un malheureux? Cependant quels travaux ont engendré plus de dévouement, d'héroïsme, de prodiges? quels travaux ont eu plus d'attraits,

en certains temps, que ceux de la guerre? c'est
qu'ils s'exécutent en commun, offrent une
grande variété de chances, et ont plusieurs mobiles puissants, tels que l'émulation, l'amour
de la gloire ou de la patrie, la perspective de
butin ou d'avancement, le dévouement au
chef. C'est ainsi que les passions excitées peuvent
donner de l'attrait aux travaux les plus répugnants, même les plus hors nature. Dans toute
industrie, quand les ouvriers peuvent se réunir
par groupes, s'égayer, s'exciter, le travail leur
paraît moins dur; et s'ils sont stimulés par
quelque passion, il devient attrayant. L'isolement dans les travaux est mortel à l'homme;
les plaisirs mêmes, à cette condition, seraient
insipides. Préparez une magnifique salle de bal
avec un excellent orchestre, et amusez-vous à
danser seul toute une soirée! faites jouer des
amateurs devant un parterre vide et des loges
non garnies! Émulation, rivalités, entraînement réciproque, amour de l'art, but d'utilité,
ambition, dévouement, enthousiasme, voilà
les passions qui, mises en jeu, constituent le
plaisir et le font naître de ce qu'on appelle travaux, comme des plaisirs mêmes. Les travaux

industriels , artistiques , scientifiques n'ont donc rien de répugnant en eux-mêmes ; ils peuvent, au contraire, devenir tous éminemment attrayants par l'excitation des passions. Ce n'est donc point par la contrainte, par la misère, par la loi d'une inflexible nécessité qu'il faut forcer les hommes aux travaux, il suffit de les y *entraîner* par *attraction*, par plaisir, ardeur, enthousiasme. C'est la loi d'attraction, trouvée par Fourier, qui doit changer le monde , et en faire un séjour de fêtes, de réjouissances, de joies perpétuelles.

CHAPITRE X.

Organisation du travail par groupes et séries passionnées. — Répartition des bénéfices au travail, capital, talent.

L'univers entier est régi par l'attraction; Newton en a découvert les lois pour le monde matériel; Fourier nous les révèle pour le monde moral. Pourquoi user de contrainte vis-à-vis les hommes? Dieu même leur a donné attraction pour les devoirs sociaux. L'attraction se révèle par tous les penchants de notre nature, par l'amour, l'ambition, l'enthousiasme, le dévouement; lorsque les penchants paraissent pervertis, c'est le milieu social qui les fait tels; mais

tous sont utiles, tous viennent de Dieu. La puissance d'attraction se révèle dans le sauvage qui
pourvoit avec joie à ses besoins, mais abhorre
le travail civilisé ; dans la mère qui idolâtre son
nouveau-né, mais qui, en civilisation, devient
fréquemment marâtre et infanticide ; dans l'enfance imitative de sa nature, et qui, dans l'é-
ducation civilisée, ne sait déployer qu'un instinct destructeur ; dans l'homme si puissam-
ment attiré par le charme de la femme, dont
l'instinct naturel est de la chérir, de la protéger,
et qui, trop souvent, dans tous les états de société, devient son tyran et son bourreau. C'est
ainsi que les institutions humaines pervertissent
et corrompent les meilleurs penchants, les plus
nobles instincts.

L'organisation du travail doit avoir pour but,
dans le phalanstère, d'après la loi de la nature,
de rendre les travaux *attrayants,* d'y *attirer,* et
jamais *forcer.* La première règle, c'est que chacun suive ses aptitudes, ses penchants dans le
choix des travaux ; la seconde est d'alterner les
occupations, de sorte que l'une fasse constamment diversion à l'autre, et qu'on ne soit guère
occupé plus de deux heures à un même travail.

Cette facilité de changement permet aux travailleurs de suivre leurs diverses aptitudes en s'adonnant à autant de branches d'industrie qu'ils en ont la vocation. L'alternat des travaux est facilité par la division du travail ou exercice parcellaire, qui, bornant les connaissances dans chaque branche d'industrie, permet à chacun de beaucoup les varier.

La troisième règle, qui seule rend possibles les deux précédentes, est d'organiser tous les travaux par groupes et séries, de sorte que les travailleurs, toujours réunis, soient constamment animés par l'émulation, les rivalités, l'enthousiasme. L'organisation par groupes et séries de groupes est indiquée par la nature ; le firmament en donne l'éclatant exemple dans la disposition et l'arrangement des planètes ; sur la terre, les trois règnes animal, végétal, minéral se divisent et subdivisent en séries, groupes et sous-groupes, ou, si l'on veut, en classes, genres et espèces ; les naturalistes n'emploient pas d'autre méthode pour leur classification. Enfin, dans la société humaine, on voit hommes, femmes, enfants, dans leurs plaisirs, leurs récréations, leurs travaux, aussitôt qu'ils sont rassemblés, se former en groupes, se réunir en séries et se rapprocher tout naturellement par sympathie et attraction.

Fourier distingue douze passions primitives qui excitent l'homme aux travaux, le rendent sociable, le stimulent aux belles actions et enfantent tous les prodiges de l'industrie. Les cinq premières sont les sensitives dont nos sens sont les premiers organes ; elles sont plutôt matérielles que spirituelles, et stimulent l'homme en premier lieu à l'industrie. Quatre autres passions sont l'*amour,* l'*amitié,* l'*ambition,* le *famillisme,* plutôt spirituelles que matérielles, formant tous les liens sociaux qui existent, faisant vivre l'homme dans ses semblables plus qu'en lui-même, enfantant le dévouement, l'abnégation et tous les sentiments généreux.

Les trois autres passions sont la *papillonne,* la *cabaliste,* la *composite,* dont les effets sont très-peu connus en civilisation, car elles sont destinées à faire concorder les cinq ressorts sensuels avec les cinq ressorts affectueux, et à servir de base à tout le mécanisme des groupes et séries passionnées.

« La *papillonne* est le besoin de variété pério-

dique, situations contrastées, changements de
scène, incidents piquants, nouveautés propres
à créer l'illusion, à stimuler les sens et l'âme à
la fois.

» Ce besoin se fait sentir modérément
d'heure en heure, et vivement de deux en deux
heures; s'il n'est pas satisfait, l'homme tombe
dans la tiédeur et l'ennui. Toute jouissance
longtemps prolongée devient abusive, émousse
les organes, use le plaisir : un repas de quatre
heures ne se termine pas sans excès ; un opéra
de quatre heures finit par affadir le spec-
tateur.

» En industrie, l'alternance des travaux est
un égal besoin : la santé est nécessairement lé-
sée si l'homme se livre douze heures à un travail uniforme, tissage, couture, écriture, ou
autre qui n'exerce pas successivement toutes les
parties du corps. Dans ce cas, il y a lésion,
même par le travail actif de culture, comme
par celui de bureau ; l'un excède les membres
et viscères, l'autre vicie les solides et fluides.

» C'est pis si le travail actif ou inactif est
continu pendant des mois, des années entières.
Aussi voit-on dans certains pays un huitième

de la population ouvrière affligée de hernies, indépendamment des fièvres nées d'excès et de
mauvaise nourriture. Diverses fabriques de
produits chimiques, de verreries et même d'é-
toffes sont un véritable assassinat des ouvriers,
par le seul fait de continuité du travail ; il serait
exempt de danger si l'on n'y employait que des
courtes séances de deux heures, tenues seulement deux ou trois fois par semaine.

» La *papillonne* est un besoin des âmes et
des corps, un besoin de toute la nature. Les
races ont besoin d'alternat, variantes, croisement ; à défaut, elles s'abâtardissent. Les terres
veulent de même alterner de productions et
même de graines ; car le blé ne prospère pas
bien dans le champ qui l'a produit ; il réussira
mieux dans le champ voisin. Les estomacs ont
également besoin de ce papillonnage : une variété périodique de mets aiguise l'appétit et
facilite la digestion. L'âme et le corps exigent
cet alternat dans tout ce qui est plaisir, occupation.

» La *cabaliste* et la *composite* sont en contraste parfait : la première est une fougue spé-
culative et réfléchie ; la deuxième est une fougue

aveugle, un état d'ivresse et d'entraînement qui
naît de l'assemblage de plusieurs plaisirs des
sens et de l'âme goûtés simultanément.

« La *cabaliste,* ou esprit de parti, est pour
l'esprit humain un besoin si impérieux, qu'à
défaut d'intrigues réelles, il en cherche avidement de factices, au jeu, au théâtre, dans les
romans. Si vous rassemblez une compagnie, il
faut lui créer une intrigue artificielle, en lui
mettant les cartes à la main ou en machinant
une intrigue électorale. Il n'est rien de plus malheureux qu'un homme de cour exilé en province, en petite ville bourgeoise et sans intrigues.
Un marchand, retiré du commerce et isolé tout
à coup des cabales mercantiles qui sont nombreuses et actives, se trouve, malgré sa fortune,
le plus malheureux des hommes.

» La propriété principale de la cabaliste, en
mécanique de série c'est d'exciter les discordes
ou rivalités émulatives entre les groupes d'espèce assez rapprochée pour se disputer la palme
et balancer les suffrages.

» La *composite* naît de l'assemblage de plusieurs plaisirs des sens et de l'âme goûtés simultanément ; elle crée l'enthousiasme ou

fougue aveugle dans les travaux, en opposition
avec la fougue réfléchie de la *cabaliste*. Il faut
que ces deux passions s'appliquent à tous les
travaux sociétaires ; que la *composite* et la *cabaliste* y remplacent les vils ressorts qu'on met en
jeu dans l'industrie civilisée, le besoin de nourrir ses enfants, la crainte de mourir de faim ou
d'être mis en reclusion dans les dépôts de mendicité.

« Ces trois passions titrées de vices, quoique
chacun en soit idolâtre, sont réellement des
sources de vices en civilisation, où elles ne
peuvent opérer que sur des familles ou des cor-
porations ; Dieu les a créées pour opérer sur des
séries de groupes contrastés ; elles ne tendent
qu'à former cet ordre et ne peuvent produire
que le mal, si on les applique à un ordre différent.

» Une série passionnée est une ligue de divers groupes échelonnés en ordre ascendant et
descendant, réunis passionnément par identité
de goût pour quelque fonction, comme la culture d'un fruit, et affectant un groupe spécial
à chaque variété de travail que renferme l'objet

dont elle s'occupe. Si elle cultive les hyacinthes et les pommes de terre, elle doit former autant de groupes qu'il y a de variétés en hyacinthes cultivables sur son terrain, et de même pour les variétés de pommes de terre.

» Examinons ce mécanisme : si un carreau de terre à bêcher emploie un homme pendant vingt-quatre heures, ce travail ne coûtera que deux heures à une masse de douze hommes, disons même une heure et demie ; car la masse est joyeuse, active quand elle a choisi librement un travail : cette option existe toujours en industrie combinée.

» A la suite de ce travail, on va à d'autres séances à *choix*; tel au poulailler, tel au colombier, tel aux cuisines, tel aux serres, tel aux ateliers ; la journée se passe en courtes séances de deux heures, tenues sous toile en dais mobile sur douze, quinze, vingt piquets, si c'est aux champs et jardins. Toutes ces réunions sont joviales, étant composées de sociétaires libres qui ont opté par goût pour la fonction.

» Voilà déjà l'alternante ou papillonne in-

troduite dans les travaux par le ressort des
courtes séances, mode opposé à nos longues et
ennuyeuses séances.

» Une fois ces groupes formés, ils en viennent à se coaliser entre espèces homogènes de
genre : sept groupes, qui cultivent sept sortes
de choux, se liguent pour le soutien général de
leurs cultures; ils sont rivaux, prétendant à la
supériorité de leur espèce favorite; mais ils sont
collectivement ligués, formant série de groupes
affiliés pour soutenir les intérêts de leur culture
et rivaliser avec les phalanges voisines qui
prétendent l'emporter sur eux en perfectibilité
des choux.

» Ainsi se forment les séries passionnées ou
échelles compactes de groupes émulatifs et caba-
listiques, donnant plein essor à la dixième passion, la cabaliste, et vivement intrigués par les
rivalités internes et externes.

» Dans chaque groupe, on subdivise les fonctions; elles se répartissent à trois ou quatre sous-
groupes qui, tout en intervenant aux divers
travaux, se chargent spécialement de telle
branche, comme le recueil des grains ou bulbes,
le semis ou autre PARCELLE du travail.

» Par suite de cette spécialité parcellaire affectée à chaque sous-groupe, les travaux sont faits avec passion ; chaque sous-groupe compte sur les autres pour la tenue des branches qu'ils affectionnent ; c'est un motif d'amitié collectif dans le groupe et d'enthousiasme pour la perfection que chacun admire, soit dans la parcelle où il brille, soit dans les autres parcelles des divers sous-groupes. Cet ordre développe la composite ou double charme : celui des sens, vue, goût, odorat, par l'excellence du produit ; celui de l'âme, par l'intimité des coopérateurs, et la célébrité qu'ils acquièrent au loin.

» C'est ainsi que les trois passions mécanisantes s'introduisent dans l'industrie par le seul emploi des masses libres substituées aux familles et jouissant de l'option. Elle ne peut avoir lieu que par la grande variété de fonctions réunies chez une masse agricole de mille huit cents à deux mille inégaux, et distribuées par séries afin d'opérer :

En séances courtes et variées, d'où naît l'alternante ;

En échelles compactes de groupes, d'où naît la cabaliste ;

En exercices parcellaires , d'où naît la composite.

» Une série passionnée , agissant isolément ,
n'aurait pas de propriété , quelque régulière
qu'elle pût être. On pourrait , dans une ville ,
essayer de former une série sur un travail
agréable : culture de fleurs , soin de jolis oiseaux ; cela serait inutile : il faut des séries engrenées et mécanisées , au nombre de quarante-
cinq à cinquante *au moins ;* ce qui suppose
quatre-vingts familles , environ quatre cents
personnes.

» Le mécanisme des séries passionnées a
besoin de discords autant que d'accords ; il
répudie toute égalité et utilise, au contraire, les
disparates d'instincts, de goûts, de fortunes', de
prétentions , de lumières , etc. Une série ne
s'alimente que d'inégalités constrastées et éche-
lonnées ; elle exige autant de contraires ou antipathies que de concerts ou de sympathies ; de
même qu'en musique on ne forme un accord
qu'en excluant autant de notes qu'on en admet.

» Les discords sont tellement nécessaires
dans une série passionnée , que chacun des
groupes doit y être en pleine antipathie avec

ses deux contigus , et en antipathies graduées
avec ses sous-contigus , de même qu'une note
musicale est essentiellement discordante avec
ses deux contiguës : RÉ discorde avec UT dièse
et avec Mi bémol (*). »

Qu'on se figure donc , dans l'état harmonien,
tous les travaux de l'industrie , de l'agriculture,
des arts et métiers , organisés par groupes et
séries, où chacun s'enrôle volontairement, qui
alternent par courtes séances, rivalisent, s'en-
grènent et se succèdent.

Les séries sont affectées à autant de genres
différents de travaux que la phalange en comporte. Chaque série se divise en groupes affectés aux différentes espèces de chaque branche
d'industrie ; les groupes se subdivisent en sous-
groupes affectés à leur tour à autant de fonctions qu'il y a de parcelles de travail.

Dans cette organisation , chaque groupe
rivalise d'ardeur avec les groupes voisins , et la
rivalité est d'autant plus ardente que les travaux se touchent et se ressemblent.

Les groupes , attachés aux variétés d'un

(*) *Nouveau monde industriel.* — *Fausse industrie*, par Fourier.

même fruit , telles que *beurré blanc , beurré gris , beurré doré* , rivaliseront plus fortement que les groupes attachés à des fruits totalement différents. Il en sera de même de tous les produits de la phalange ; plus ils se toucheront , et plus il y aura d'émulation entre les groupes.

Les groupes nombreux , de chaque série , facilitent , à un haut degré , la division du travail si favorable à la perfection et à la célérité de l'industrie , en même temps que cette division rend aisé l'apprentissage des travaux et permet d'en embrasser un grand nombre. De la sorte , chaque groupe peut varier son travail de deux heures en deux heures , et prévenir ainsi l'ennui et le dégoût qui naissent de la monotonie et de la continuité des travaux. D'ailleurs chacun , embrassant par choix la division qui lui convient , s'y adonne avec passion , et cette passion est soutenue par l'émulation et les rivalités qui naissent du contraste et de l'engrenage des groupes et séries. Chacun est stimulé à la fois par ses émules de séries et ses rivaux de groupes contigus. Les rivalités, dans la gamme harmonique des groupes et séries , y forment l'effet des dissonances dans la gamme naturelle : loin de nuire à l'accord , elles produisent tout le charme harmonique , en appelant les consonnances dont elles naissent, avec lesquelles elles se confondent et meurent. Dans l'organisation harmonique des travaux , de même les rivalités naissent , font éclater leurs brillantes dissonances , se confondent et meurent dans l'accord général. Comme chaque individu n'est attaché que momentanément à un groupe et n'en embrasse les intérêts et les travaux que pour, l'heure d'après, aller se confondre dans de nouveaux groupes dépendant de nouvelles séries, et en embrasser également les travaux et les intérêts, l'esprit de corps ne peut devenir exclusif, et les rivalités n'ont pas le temps de devenir hostiles. Chacun appartenant à vingt ou trente groupes et séries , dont il prend tour à tour les intérêts , faisant partie même des groupes rivaux , les rivalités ne sont jamais que le stimulant nécessaire à l'ardeur et à l'enthousiasme ; elles font bientôt place à l'harmonie entre les mêmes individus qui , tout à l'heure , luttaient dans des groupes divergents. Les rivalités sont permanentes entre les groupes et les séries , et seulement momentanées entre les individus qui embrassent tour à tour les intérêts et le parti de cinquante groupes différents. Les individus en harmonie jouent le rôle des notes dans la gamme musicale, qui se prêtent à toutes les modulations, n'ont de ton que par l'accord, et engendrent l'harmonie par leur passage successif dans tous les tons, tous les modes et leur mille combinaisons d'accords divers. Chaque individu a un double intérêt aux travaux de la phalange ; d'abord, parce qu'il y participe lui-même dans un grand nombre de groupes et séries, et qu'il est rétribué selon son *travail* et son *talent* ; ensuite, parce que la rétribution de chacun, selon son *travail*, son *talent* et son *capital*, se prélève sur la masse totale des bénéfices résultant de la totalité des produits de la phalange.

C'est ce qui facilite, au bout de l'année, la répartition des bénéfices et ôte tout prétexte au murmure. Fourier base les proportions de répartition comme il suit :

Cinq douzièmes au travail ;

Quatre douzièmes au capital ;

Trois douzièmes au talent ;

voulant ainsi que le travail fût la faculté indus-

trielle la plus rétribuée, étant la plus *nécessaire,*
le *capital* plus que le *talent* en qualité de plus
utile, et enfin le *talent* moins que les précé-
dents, en qualité d'*agréable.* Il est aisé d'établir la proportion du travail au talent, les travailleurs étant classés, dans chaque groupe,
d'après leur capacité. Il y a également distinc-
tion parmi les groupes et les séries. On les
classe d'après leur degré de *nécessité,* d'*utilité*
et d'*agrément ;* seulement l'*utilité* peut être
contre-balancée par le degré d'attrait qu'offrent
les travaux. Par exemple, les groupes affectés à
la série des vergers sont moins rétribués que
les groupes affectés à la culture des céréales,
bien que la culture des fruits soit également
productive ; mais, en harmonie, la culture
des vergers est extrêmement attrayante ; il
n'est pas nécessaire de renforcer cette série par
l'appât des récompenses.

Au contraire, il est nécessaire de rétribuer
largement la série des céréales qui offrira un
peu plus de fatigue. Il en est de même de l'ex-
traction des métaux, l'entretien des routes, les
soins de propreté intérieure, le nettoyage des
égouts ; toutes ces fonctions, bien qu'infiniment

moins pénibles et grossières que dans l'état actuel, et pouvant être alternées de deux heures en deux heures par d'autres fonctions plus attrayantes, doivent être fortement rétribuées pour contre-balancer l'attraction naturelle dont elles font défaut.

Toutefois un mobile plus puissant y poussera les travailleurs : ce mobile sera le dévouement, passion innée chez toutes les natures généreuses. Même dans notre société égoïste, nous avons constamment sous les yeux des exemples de dévouement et d'abnégation : on peut même dire que les moyens manquent plutôt que la faculté, la volonté du dévouement. Chez les femmes, presque toutes les erreurs, comme mères, comme amantes, comme épouses, proviennent d'un dévouement aveugle qui ne sait où se prendre et se trompe d'objet. Chez les hommes, presque toutes les erreurs politiques proviennent d'un besoin de dévouement à la patrie. Les anciens avaient une patrie, une patrie factice, hors des lois de l'humanité ; mais enfin ils avaient une idole à laquelle ils sacrifiaient goutte à goutte toute leur existence. Les modernes n'ont point de patrie. L'âme se meurt, consumée par cette passion qui n'a pas d'aliment. Toutes les révolutions ont pour but moral, inconnu même à ceux qui les font, de se créer une patrie, de créer un intérêt général, une *chose publique* à laquelle chacun se rattache. L'égoïsme n'est point le sort de l'humanité, il ronge, il tue. *Famille* et *patrie*, voilà les deux sentiments les plus chers à l'homme, dont il a besoin pour en faire le but de sa vie, pour les confondre dans un seul amour, un seul dévouement. L'*état sociétaire* réunit pour l'homme *patrie* et *famille*, et lui donne un but distinct de dévouement dans la prospérité de la phalange, dont les intérêts sont les siens propres, et qui l'attache à la grande chaîne humaine par la famille et la patrie.

Dans une organisation semblable, le dévouement sera chose aisée, puisque tous les intérêts se confondent, et que jamais l'intérêt propre n'est distinct de l'intérêt d'autrui. Toutefois, une corporation sera formée expressément, corporation sublime, qui, toujours dévouée au bien commun, accomplira toutes les tâches pénibles et périlleuses ; là où l'attraction et l'appât des récompenses ne suffiront point se

portera la corporation des dévoués ; et ce sera
même gratuitement qu'elle accomplira ce genre
de travaux, ou du moins elle n'acceptera dans
la répartition générale des bénéfices que le
moindre lot ; encore le refuserait-elle si une
loi expresse n'ordonnait à tous les groupes et
toutes les séries d'accepter une part de dividende. La corporation des dévoués jouit encore
de la faveur de disposer d'un huitième de la
fortune de chacun, en faveur de l'unité, du bien
commun de la phalange. Cette corporation sera
composée essentiellement de jeunes gens des
deux sexes de l'âge de neuf à quinze ans ; car
c'est à cet âge que le besoin de dévouement est
le plus intense, et que l'âme est la plus ardente
pour le bien. Les emplois bas et dégoûtants de
la civilisation seront ainsi rehaussés, en harmonie, par le patriotisme et la charité. La corporation des dévoués sera de fait le *palladium*
de l'harmonie ; elle seule maintiendra la liberté
et l'égalité de droits, qui cesseraient d'exister
aussitôt qu'une classe deviendrait inférieure par
la bassesse de ses travaux, ou bien qu'on devrait
forcer des individus à les exercer. La corporation
des *dévoués,* loin d'être abaissée par le choix

volontaire des travaux répugnants, est la plus
honorée, la plus entourée d'hommages et de
respect. Si des difficultés s'élèvent à la répartition générale des bénéfices, c'est encore la corporation des dévoués qui ca'me les mécontents
en leur offrant, en compensation des injustices
dont ils se plaignent, une part de leurs propres
lots ; car si les dévoués sont les moins rétribués
pour leurs fonctions pénibles et grossirèes, ils
ont néanmoins la même part que les autres
groupes et séries pour leur coopération aux
travaux attrayants.

D'ailleurs, comment pourrait-il y avoir plainte
ou réclamation? Si chacun appartenait à un seul
groupe, à une seule série, il serait porté à en
embrasser exclusivement les intérêts, et de cet
esprit exclusif naîtrait assurément la discorde;
mais, comme chacun appartient à une trentaine
de groupes ou séries, et qu'elles sont toutes
solidaires les unes des autres, chaque individu
embrasse nécessairement les intérêts de la phalange, et si un groupe, une série se croient
lésés, les individus qui la composent se con-
solent aisément. puisque la lésion faite à une
série doit nécessairement profiter aux autres

séries, où les mêmes individus ont également part aux bénéfices. L'association intégrale des industries confond tellement les intérêts de chacun dans les intérêts de tous, qu'aucun ne peut être lésé, et que tous participent aux pertes et aux bénéfices généraux.

Les travaux domestiques s'exécutent, comme tous les travaux, par groupes et séries. Les travailleurs, hommes, femmes, enfants, s'y portent spontanément, par attraction. Tous les soins d'intérieur ont de l'attrait par eux-mêmes. La majorité des femmes est portée aux soins du ménage, même à ceux qui paraissent réservés à la classe domestique et ouvrière : déjà aujourd'hui, les plus riches, par goût ou par oisiveté, partagent les travaux de conserve, préparation culinaire, blanchissage, lingerie, couture, broderie, modes. Ce qui fatigue et ennuie les femmes dans ces soins, ce sont la monotonie et la continuité des mêmes occupations, accompagnées de la gêne, des tracasseries et des désordres des ménages particuliers. Dans l'association intégrale des ménages, elles trouveront, au contraire, un puissant attrait à s'occuper de ces travaux divers, ainsi que des

soins physiques et moraux de l'enfance , lorsqu'elles pourront le faire en groupes passionnés,
par courtes séances, et s'en distraire , selon leurs
diverses aptitudes, en s'adonnant à diverses branches d'industrie , de sciences et de beaux-arts.
Les femmes, en harmonie, ne sont exclues d'aucun travail , leurs aptitudes et leurs forces seules
sont consultées : d'où il suit qu'elles rentreront
en possession d'une foule de travaux dont les
hommes aujourd'hui se sont emparés par l'extrême concurrence de toutes les professions , et
que ces derniers pourront s'adonner essentiellement dans le nouvel ordre sociétaire aux
rudes travaux d'agriculture , de reboisement ,
d'irrigation générale , d'encaissement des rivières , de routes , canaux , chemins de fer , en
un mot, d'amélioration et d'embellissement du
globe , travaux qui s'exécuteront comme par
enchantement , à l'aide d'armées industrielles
de millions d'hommes qui se répandront par le
monde entier pour le rendre habitable et cultivé.

Il est inutile de dire que , dans les soins domestiques , les hommes comme les femmes choi-
siront les spécialités pour lesquelles ils auront

goût et aptitude , telles , par exemple , que la
conserve et la bonification des vins , qui forment un art compliqué et difficile, pour lequel
les hommes ont plus de penchant que les
femmes.

Jusqu'aujourd'hui , dans aucun état de société, on ne s'est occupé de rendre l'industrie
attrayante. Les travaux d'agriculture accablent
les pauvres laboureurs travaillant aux champs
des journées entières par la pluie ou le soleil ,
sans abri ni refuge. Les ateliers de manufactures sont généralement d'une malpropreté
révoltante. En Angleterre , pays-modèle pour
l'industrie, on y voit de malheureux ouvriers
travaillant quinze heures par jour pour un modique salaire , dans un air corrompu et fétide ,
et des enfants forcés à coups de fouet à un
travail de dix-neuf heures par jour. Ici ce n'est
plus une question d'économie sociale , l'humanité se révolte.

En harmonie , où tous les intérêts sont solidaires , où la loi d'attraction gouverne , on
s'efforce de redoubler l'attrait pour tous les
travaux industriels , domestiques et agricoles,
par la propreté , la salubrité et l'élégance des

ateliers, des cuisines, caves, greniers, granges, étables, écuries. L'industrie a même pour objet spécial d'améliorer, assainir les ateliers, et faciliter les travaux par les machines et les outils les plus propres à faire épargne de temps et de peines aux travailleurs. Dans l'association intégrale des travaux, chaque utile invention n'est plus, comme aujourd'hui, un fléau pour une masse d'ouvriers qu'elle jette sans pain sur le pavé, elle profite à tous sans qu'il y ait perte pour aucun. Si une machine vient à rendre des bras inutiles, c'est double profit pour la phalange, car ces bras vacants vont de suite renforcer d'autres industries.

Dans l'état sociétaire, par la seule organisation des travaux en groupes et séries, et leur variété qui les rend doublement attrayants, il n'y a donc plus, ni de droit ni de fait, de classes séparées; il y a inégalité de fortunes, de même qu'inégalité de talents, de facultés, de forces, d'énergie; mais la misère est effacée, la pauvreté ne pèse plus sur personne, puisqu'elle n'est que relative, et que chacun peut agrandir sa fortune par son travail. Riches et pauvres sont confondus par la parité des penchants et des aptitudes dans les mêmes travaux. De cet état de choses naissent la véritable égalité et la liberté la plus entière , puisque chacun vit comme il veut et suit librement son penchant ; les riches mêmes , s'ils se confondent avec les pauvres et deviennent leurs égaux , ce n'est que par leur volonté , parce qu'ils y trouvent avantage et intérêt. Aujourd'hui la même chose existe de fait ; les riches , les maîtres sont forcés d'entrer en contact avec les salariés , les domestiques. Mais, comme ce contact est forcé , qu'il y a de fait guerre et haine entre la classe qui paye et la classe salariée , les riches ne retirent que dégoûts et tracasseries de tout contact , de tout rapprochement avec les ouvriers , les domestiques. Dans l'état actuel , il y a triple séparation entre les classes ; l'inégalité de fortune et de naissance , l'éducation , et les préjugés qui rendent certaines professions basses. Les gens qui ont l'esprit cultivé , les manières polies , même en mettant à part tous préjugés de naissance et de fortune , ne peuvent pas réellement faire leur société d'ouvriers incultes et grossiers , et moins encore de *domestiques,* énéralement corrompus par l'état même

de la domesticité. Dans la phalange , tous les
enfants recevant une éducation exactement
semblable , c'est-à-dire l'éducation la plus favorable à l'essor des facultés, des aptitudes, des
vocations, auront l'esprit cultivé et les manières polies. Dès la première génération phalanstérienne , toute inégalité d'éducation aura
disparu , en même temps que toutes les professions seront également ennoblies. Quant à l'inégalité de fortune , elle ne comptera plus dans
l'opinion du moment que chacun aura le nécessaire et jouira de l'aisance. Dans ce nouveau
mécanisme social , les riches seront charmés de
pouvoir se livrer à leurs diverses aptitudes qui
les portent à la culture , à l'industrie , aux arts
et métiers , et de ne pratiquer de ces travaux
divers que la division où ils excellent , en même
temps qu'ils seront aidés passionnément par le
groupe entier affecté à cette branche de travaux.
Aucun n'est salarié individuellement ; tous ,
riches et pauvres , reçoivent la rétribution de
leurs travaux à la répartition générale des bénéfices par la phalange. Dans ce nouveau mode
d'association , non-seulement la question du
salaire, insoluble en civilisation › résolue

et les ouvriers et les maîtres vivent en harmonie, rétribués équitablement, chacun selon son apport de *travail*, *capital*, *talent*; mais encore la question de *domesticité*, peut-être aussi difficile et insoluble que celle du salaire, est également résolue.

Dans l'état actuel, les maîtres ne peuvent assez se plaindre des domestiques, les domestiques des maîtres. Les uns et les autres ont raison. Le domestique trouve son état rude, pénible, sa sujétion humiliante; il donne les plus belles années de sa vie pour un gage modique. Les joies de la famille lui sont défendues; la plus entière abnégation lui est ordonnée, et cela sans stimulant, sans récompense. Le maître, de son côté, se plaint de la corruption, bassesse, vices honteux, négligence, fainéantise, maladresse de gens qu'il paye, introduits dans son intimité, et auxquels il doit, en partie, confier la surveillance de ses enfants. Le gage modique qu'il accorde est au niveau de ses moyens, il ne pourrait donner davantage. Il se tourmente, s'inquiète, est assiégé de tracasseries, se voit quitté par ses gens, ou lui-même les renvoie, et tombe de mal en pis.

Les domestiques sont la plaie des ménages, en même temps qu'ils forment une classe totalement sacrifiée. Elle se venge, en quelque sorte, de sa misère par une effroyable corruption de mœurs. Nouvelle alarme pour les mères de famille, source de désordres secrets, de scandales et de crimes. Et quel peut être, en civilisation, le remède à cet état de choses qui va toujours s'aggravant? Où la société trouvera-t-elle le moyen de donner l'éducation morale à la classe domestique, où les familles trouveront-elles le moyen d'augmenter son salaire et d'assurer son avenir? Comment la domesticité pourra-t-elle s'allier avec le mariage, seul préservatif des mauvaises mœurs, des liaisons clandestines? Ces difficultés restent insolubles. Aux États-Unis du nord, l'aisance générale permet que la classe domestique jouisse de quelque éducation, et ne soit pas précisément dépendante de son état. Qu'arrive-t-il? Elle fait son service de mauvaise grâce; les domestiques traitent fort mal les maîtres et les quittent au moindre caprice. Ce sont les maîtres, en quelque sorte, qui doivent se servir eux-mêmes, en payant fort cher pour être servis. Il n'en peut être autrement. La domesticité est un reste d'esclavage, une condition basse et honteuse. Il n'y a que la nécessité absolue qui y plie la classe pauvre : cette nécessité même la corrompt. Donnez-lui quelque éducation, quelque aisance, relevez-la à ses propres yeux ; aussitôt elle se refuse au rôle d'abnégation et de bassesse, et ce sont les maîtres qui sont réduits à se servir eux-mêmes : tel est le cercle vicieux de la civilisation.

En harmonie, les travaux de la domesticité sont ennoblis par cela seul que nul n'est attaché à l'individu, que tous sont attachés à la phalange. La domesticité en ce sens n'est plus qu'un échange réciproque de services. Les soins divers de l'intérieur *attirent* par eux-mêmes, et cette attraction est encore renforcée par le zèle et le dévouement à la phalange. On goûte même une certaine joie, dans le service général de la phalange, à servir et soigner plus particulièrement ceux qu'on aime. On s'engage ainsi dans les groupes et séries de cuisine, blanchissage, nettoyage, éclairage, par aptitude et vocation, par zèle pour le bien commun, par attachement pour les individus.

Les groupes et séries sont tellement engrenés

que presque tous les membres de la phalange participent de quelque manière aux travaux de domesticité ; et, si quelque partie se trouve négligée , on voit s'y porter avec ardeur la *cor- poration des dévoués*. Il y a donc échange , réciprocité de services. Les soins domestiques deviennent, dans cet ordre de choses , des liens puissants d'affection , d'estime et de reconnaissance. Chacun est servi avec zèle , ardeur, dévouement ; il n'a pas besoin de commander, ses désirs sont prévenus , ceux qui le servent sont des amis aptes et zélés qu'il sert dans une autre occasion avec pareil zèle et aptitude. C'est la réalisation du vœu évangélique que la société ne forme qu'une famille , que tous les hommes soient frères.

CHAPITRE XI.

Éducation.

L'éducation est la plus belle partie du système de Fourier; elle en forme la base en même temps qu'elle en découle naturellement. L'éducation, entourée d'obstacles dans la civilisation, en harmonie est chose si simple et si aisée, que l'on peut dire que les enfants s'y élèvent seuls par la force des choses, et que leur éducation remplit toutes les conditions d'accord, d'harmonie et du plus haut développement moral, physique, intellectuel.

En civilisation, l'éducation n'est qu'un mot;

17

pour tous ceux qui veulent s'en former un système, elle offre d'insolubles difficultés; témoin
J.-J. Rousseau, qui n'a prouvé qu'une chose
dans son *Émile*, c'est l'impossibilité absolue de
l'éducation dans l'état actuel.

L'éducation *unitaire* est irréalisable en civilisation, car elle ne peut coïncider avec les priviléges de fortune et de naissance. L'éducation
unitaire doit être uniforme pour tous les enfants
et avoir pour objet de développer toutes les facultés, de donner l'essor à toutes les vocations :
cette éducation est impossible en civilisation, où
il y a égalité de droit comme de fait, et où la
classe pauvre doit nécessairement grossir la
classe ouvrière. La carrière du pauvre est forcée,
obligatoire ; il doit être manœuvre, soldat, ouvrier, paysan ; son éducation ne peut être que
négative ; tout développement d'intelligence, en
le rendant moins propre à des travaux répugnants et routiniers est pour lui un malheur.
S'il est des hommes du peuple qui se sont élevés par leurs talents, leur génie, ce ne sont là
que de rares exceptions, et tous pourront dire
les obstacles qu'ils ont eus à surmonter, les tortures qu'ils ont eues à subir. La masse doit végé-

ter dans la misère et l'abrutissement ; le mécanisme même de la société l'exige ; l'éducation ne peut être en désaccord avec les lois de l'existence sociale. Quelle imprudence donc aux hommes généreux qui, par la fondation d'écoles, la publication d'ouvrages populaires, en un mot la propagation des lumières, éclairent la classe la plus pauvre et la plus nombreuse sur son malheureux sort, sans lui donner les moyens de l'améliorer ! Déjà on en ressent les effets dangereux ; c'est partout une effervescence populaire, un malaise, une inquiétude, une agitation qui effraient à juste titre ceux qui possèdent ; la civilisation n'offre point d'issue à la clameur chaque jour plus menaçante du pauvre, car elle ne peut ni anéantir la misère, ni donner l'égalité de droit que réclame instinctivement la multitude. Le système de Fourier seul a cette puissance ; seul, il fait un bienfait de la propagation des lumières et rend possible l'égalité de droit ou *éducation unitaire*.

L'*éducation commune*, en la restreignant même à la classe aisée, n'est encore qu'un mot. On aura beau réunir des enfants dans un même collége, leur donner des leçons en commun, il y

aura, si l'on veut, *instruction commune* ou *simultanée*, mais il n'y aura pas *éducation*. L'éducation
n'est pas le résultat de mots, mais le résultat de
la société même, de ses mœurs, de ses lois, de
ses institutions ; si la société est harmonisée dans
toutes ses parties, l'éducation découlera naturellement de ses lois harmoniques ; mais si, au
contraire, elle n'offre, comme dans l'état actuel,
qu'incohérence et déchirement dans les idées et
dans les faits, l'éducation se réduira à des préceptes puérils, à des lois arbitraires; l'éducation
ne sera point *sociale*, elle sera *collégiale ;* elle
dépendra du caprice, de la fantaisie des maîtres;
l'éducation sera incohérente et contradictoire,
comme la société ; elle sera un mensonge perpétuel, ou bien purement négative ; elle sera un
mensonge si elle impose des croyances, tandis
que toutes sont ébranlées, que toutes ont des
contradicteurs ; en restant négative et s'aban-
donnant, en quelque sorte, au hasard des cir-
contances et à l'impulsion de la nature, elle
reste dans le vrai; mais elle est nulle, elle n'existe
que de nom.

Déjà les soins physiques de l'enfance, la
partie matérielle de l'éducation est hérissée

d'obstacles. Les premiers soins, dit-on, relèvent de la mère, c'est à elle à soigner les premières années de l'enfant. Il est vrai que les premiers soins relèvent de la mère, que l'amour maternel est conservateur du monde, et que Dieu a attaché à ces soins la plus puissante attraction. Toutefois une mère ne peut entièrement y suffire ; elle doit se faire aider, si sa fortune le lui permet, de personnes salariées, de domestiques. Or, nous l'avons dit, la classe domestique, surtout dans les grandes villes, est tellement corrompue, tellement viciée, que, généralement, elle est le fléau des ménages ; elle pèche ou par négligence, ou par improbité, ou par mauvaises mœurs. Et cependant c'est à ce genre de personnes qu'une mère confie, en partie, les soins de la dépense journalière, les soins mille fois plus délicats de son enfant. En vain voudrait-elle ne pas lui dérober un de ses moments, encore faut-il qu'elle se repose, qu'elle se partage entre d'autres soins, d'autres devoirs. Si elle tombe malade, ne doit-elle pas se faire remplacer entièrement ? Une mère qui voudrait vivre pour son enfant, ne pas le quitter un instant, lui

suffire en tout, le peut-elle? N'y a-t-il pas un
nombre de circonstances où elle doit appeler
des étrangers à son aide? Tantôt une nourrice mercenaire, tantôt des bonnes mercenaires,
puis chirurgiens, médecins, toutes personnes
qui ne portent pas à son enfant l'amour passionné qu'elle lui porte, qui ne l'assistent que
par intérêt pécuniaire, en calculant leurs soins
sur l'argent dont elle peut les payer, dont la
société ne lui offre point de garanties certaines,
et qui mettent incessamment en péril, par
ignorance ou par insouciance, ce qu'elle a de
plus précieux, de plus cher au monde.

Plus l'enfant avance en âge, et plus la mère
aperçoit les difficultés de l'éducation, plus
elle sent combien elle est peu capable d'y
suffire. L'enfant a besoin de mouvement, de
variété, de compagnons à ses jeux; plus tard,
il lui faut des camarades d'étude, des maîtres,
des instituteurs; les difficultés de l'éducation
vont toujours croissant en même temps que
les dépenses : c'est une série d'inquiétudes,
d'ennuis, de chagrins, d'expériences tristes et
funestes, de dégoûts de tout genre que Dieu
n'a point attachés à la paternité et à la mater-

nité, et qui naissent uniquement de l'incohérence générale de la civilisation.

Si déjà les familles qui possèdent le loisir
et la fortune éprouvent tant de peines et de
soucis à élever leurs enfants, que sera-ce donc
des parents pauvres auxquels manquent l'argent et le temps, qui ne peuvent donner à leurs
enfants ni les soins, ni l'éducation nécessaires,
qui ne peuvent leur assurer, pour plus tard,
ni dot, ni carrière, et pensent avec désespoir
à leur présent et à leur avenir ? Que sera-ce,
en descendant un degré plus bas, de la malheureuse classe ouvrière, soit de la ville, soit
de la campagne, qui ne peut même accorder
à ses enfants les soins et la nourriture indis-
pensables, et doit abandonner, des journées
entières, de pauvres petits au berceau, pour
aller, mari et femme, vaquer à leurs occupations, sans être sûrs de rapporter, chaque soir,
le pain quotidien. Aussi, dans les ménages
gênés, les enfants, loin d'être un lien entre les
parents, sont, le plus souvent, un sujet de discorde ; le père, moins patient, moins tendre,
se plaint de leurs criailleries, de leurs dégâts;
il fuit le logis pour trouver ailleurs la tranquil-

lité ; il s'afflige de leur nombre, il accuse la Providence, il s'en prend à sa femme, qui met au monde des enfants que lui, pauvre homme, ne peut nourrir par son travail. La femme récrimine, se plaint d'en avoir tout le soin, tout le tracas, d'être esclave du matin au soir et de veiller encore les nuits, sans avoir de repos ni de récréation, ni même la tendresse de son époux pour dédommagement. Les caractères s'aigrissent ; la femme devient acariâtre, tracassière, difficile à vivre ; le mari va au cabaret pour s'étourdir et dépense jusqu'à son dernier sou : les pauvres petits, victimes de la discorde des parents, meurent par milliers, faute de soins et de bonne nourriture, ou ne vivent que pour passer à leur tour par toutes les privations et toutes les douleurs de la misère.

Et si le chef de la famille, celui qui travaille et gagne le pain quotidien, vient à mourir avant que les enfants soient élevés, que peut devenir une pauvre mère avec trois ou quatre petits en bas âge, sans |moyens de subsistance ?

Et si le père et la mère meurent, que deviennent les pauvres orphelins ?

La société, nonobstant son système d'anarchie, d'incohérence, de laisser aller, n'a pu entièrement fermer les yeux sur tant de maux, elle a dû employer des palliatifs : elle a fondé quelques écoles, quelques asiles pour l'enfance, des établissements pour les orphelins, pour les enfants trouvés. Mais que sont ces moyens palliatifs, ces mesures partielles, comparativement à tant de maux, tant de misère? Le devoir de la société est de donner à tous les enfants du pauvre, sans exception, les soins physiques et moraux, l'apprentissage d'un métier et les instruments de travail. Encore n'accomplirait-elle que la moitié de sa tâche, car elle ne donnerait point l'essor aux facultés, aux diverses aptitudes. Les classes aisées ont cherché spontanément des palliatifs à toutes les gênes et entraves de l'éducation de famille. A commencer de la naissance de l'enfant, la mère souvent se voit forcée à prendre une nourrice chez elle ou bien à envoyer son enfant au dehors : mesure qui, presque toujours, coûte la vie à l'enfant du riche, s'il est envoyé en nourrice ; à l'enfant de la nourrice, si c'est elle qui l'abandonne pour entrer en service. Plus tard, on

envoie les enfants à l'école, on les place dans
des colléges; on cherche de la sorte à obvier à
l'isolement du ménage, qui rend les maîtres
trop coûteux et ne permet aux enfants ni les
jeux, ni l'émulation nécessaires à leur développement physique et intellectuel. Toutefois, les
écoles et les colléges sont un triste moyen d'éducation. Fondés généralement dans un but pécuniaire, ils n'offrent point de garantie ni de la
moralité des instituteurs, ni de leur capacité.
D'ailleurs, si, comme nous l'avons prouvé, il
n'y a pas d'éducation possible dans les colléges,
l'instruction, à vrai dire, n'offre guère plus de
réalité : elle devrait avoir pour but le développement des facultés naturelles, l'essor des aptitudes; pour cela, elle devrait mettre sous les
yeux de l'élève toutes les branches de l'industrie, des arts, des métiers, des sciences, afin
qu'il pût distinguer lui-même sa vocation et
s'exercer spontanément. L'enseignement doit
commencer par les yeux; c'est par les yeux
qu'on donne idée des choses et le désir de pousser plus avant l'instruction. L'enseignement,
c'est la pratique; la théorie ne peut que le
compléter. Comment une école, comment un

collége pourraient-ils réunir sous les yeux des élèves les diverses branches de l'industrie, des métiers, des arts, et y joindre les sciences qui expliquent et généralisent les principes? Il y a loin de ce système à l'instruction des écoles et des universités où lorsque, pendant huit ans, on a expliqué à de malheureux jeunes gens des auteurs grecs et latins, qui ne parlent même pas des arts, des sciences, des métiers et de l'industrie, quand on les leur a expliqués, seulement pour leur enseigner des mots, la forme d'une langue, on appelle cela de l'instruction, on prétend les avoir mis en état de se créer une carrière, d'aplanir les difficultés immenses de la vie matérielle.

En résumé, l'éducation *unitaire* est impossible en civilisation, puisqu'elle ne peut être basée que sur l'égalité positive des droits. L'éducation sociale ne peut être que mensongère ou négative, puisqu'elle suppose l'uniformité des croyances religieuses, politiques et morales, et que la société n'offre, au contraire, que doute et anarchie dans les opinions comme dans les faits. L'éducation privée et publique, telle qu'elle existe, très-onéreuse pour les parents,

très-périlleuse pour les enfants, présente la
même incohérence dans les méthodes et dans
les systèmes. Les parents vont de l'un à l'autre
professeur sans trouver nulle part de garantie;
ils payent chèrement l'expérience, ont rarement
lieu d'être satisfaits, et vivent dans une inquiétude perpétuelle des accidents attachés à l'enfance, des dépenses que nécessite l'instruction,
des difficultés d'une carrière; tous sentent instinctivement que Dieu n'a pu vouloir que les
enfants fussent ainsi une charge à chaque famille, et que le bonheur de les avoir fût de la
sorte troublé et empoisonné.

Le pauvre ouvrier ne calcule guère tous ces
embarras; insouciant de l'avenir, car le présent
ne peut guère empirer, il se marie jeune, a
bientôt une nombreuse famille, et passe sa vie
dans des angoisses perpétuelles, augmentant la
misère publique de sa propre misère. La classe
aisée, au contraire, hésite à se charger d'un fardeau aussi pesant, de liens aussi onéreux. Surtout dans les grandes villes, les hommes se marient peu : la vie de garçon est joyeuse et peu
coûteuse. Le mariage et la vie de famille, avec
ses charges et ses inquiétudes journalières, les

effrayent justement. Et cependant quelle source
de désordres et de corruption que cet éloignement du mariage dans une société basée sur le
mariage, et qui n'a pas pourvu au sort des malheureuses filles séduites et des pauvres enfants
qui naissent des unions illicites!

Le plus grand nombre périt; mais il en reste:
soit que les malheureuses mères les élèvent
ouvertement, au grand scandale du prochain,
soit que l'hôpital s'en charge pour les rejeter
bientôt à la charité publique, Dieu sait quelle
sorte d'éducation reçoivent ces pauvres petits;
et quand enfin vient l'âge où ils se trouvent sans
famille, sans moyens de subsistance, ne connaissant de la société que son injustice et son
oppression, peut-on s'étonner si ces malheureux
en sont ennemis naturellement? N'y tenant par
aucun lien, par aucun bienfait, lorsqu'ils se
dépravent par de funestes exemples et par le
besoin de vivre, la faute n'en est-elle pas tout
entière à la société? Quel doute que d'une corruption naît une corruption; que d'un premier
désordre naissent une foule de désordres? C'est
ainsi qu'en remontant à la source des mauvaises
mœurs, on la trouve dans l'organisation vicieuse

de la société qui entrave le mariage par la misère et les difficultés de l'éducation. Quelle issue, quel remède à ces maux ? la rigueur des lois déployée contre les mauvaises mœurs, et qui n'atteint que les victimes ? ou bien la réforme de l'éducation ? cercle vicieux, puisque lois, mœurs, éducation se tiennent intimement et ne font qu'aggraver le mal par une constante action et réaction. Aucune institution ne peut se changer partiellement ; c'est le milieu social qu'il faut changer, c'est la société tout entière qu'il faut à la fois transformer. Que l'association intégrale des ménages et des industries succède au morcellement actuel ; que le travail, par groupes et par courtes séances, succède au travail isolé et monotone, et l'éducation unitaire ressortira spontanément de cet ordre de choses, en s'appuyant sur des bases solides de science et de moralité. Les enfants, sans plus donner ni inquiétudes, ni tracasseries aux parents, feront le charme constant de leurs jours, le doux espoir de leur vieillesse.

Qu'on se figure la phalange organisée en grande famille, formant un seul ménage, associée intégralement d'intérêts et disposée en groupes et séries pour tous les travaux d'agriculture, d'industrie et des beaux-arts. Dans les ateliers, les jardins, les cours, les écuries, les étables, les champs, ce sont, du matin au soir, des groupes d'hommes, femmes, vieillards, enfants, travaillant passionnément d'après leurs aptitudes, leurs inclinations, leurs forces, et variant de deux heures en deux heures leurs travaux avant que l'ardeur n'ait pu s'éteindre. Ils sont relayés par de nouveaux groupes également pleins d'enthousiasme, de sorte qu'en même temps que les travailleurs varient, se relayent, les travaux ne chôment point. C'est le spectacle que les enfants ont constamment sous les yeux; c'est ainsi que leurs vocations et leurs divers aptitudes ont occasion de se développer; c'est ainsi que l'enseignement est d'abord tout de pratique, d'imitation, d'exemple.

Toutefois, avant que l'enfant n'en soit à cet apprentissage, il y a ses premières années dont le soin est si difficile, si pénible dans le morcellement des ménages. Une mère ne suffit pas à chaque enfant, il faut encore qu'elle soit assistée d'une bonne, et qu'elle passe les nuits comme les jours : dans la phalange, un grand séristère, divisé en trois salles, est consacré aux enfants en nourrissage et en sevrage. Ces salles, parfaitement aérées en été, en hiver sont chauffées au degré convenable pour tenir l'enfant en chemise ou en vêtement léger ; on évite ainsi, autant que possible, tout embarras de langes et de fourrures. Les berceaux sont mus par mécanique : on peut agiter en vibration vingt berceaux à la fois. Un seul enfant fera ce service, qui occuperait chez nous vingt femmes de trente ans. Pour varier les positions de l'enfant, on ne se contente pas du berceau, on se sert encore de nattes élastiques : elle sont placées à hauteur d'appui ; leurs supports forment des cavités où chaque enfant peut se caser sans gêner ses voisins. Des filets de cordon et de soie, placés de distance en distance, arrêtent l'enfant sans le priver de se mouvoir, de voir autour de lui et d'approcher l'enfant voisin, séparé par un filet. D'autres appareils ou jeux sont disposés pour qu'ils puissent tous se distraire, s'amuser, jouer, et en même temps étendre, développer, exercer leurs membres, essayer leurs forces.

Chacune des salles est desservie, jour et nuit, par plusieurs groupes de bonnes de tout âge, depuis la tendre adolescence jusqu'à la vieillesse, car le soin des enfants plaît aux femmes à toutes les époques de la vie. La plupart des jeunes filles, femmes et matrones de la phalange s'enrôlent volontairement dans les groupes de bonnes ; les enfants, partagés, dans les trois salles, selon leur humeur plus ou moins douce, ou criarde, lutine et diabolique, exigent des bonnes de divers caractères. Les bonnes choisissent les groupes où elles se sentent de l'aptitude. Les plus douces s'enrôlent dans le groupe des diablotins ; les moins patientes s'enrôlent dans le groupe des petits anges. Chaque groupe se subdivise en sous-groupes ; c'est un nouveaux choix pour les bonnes : telle division est affectée à donner la nourriture ; telle autre aux soins de propreté ; telle autre à la surveillance pendant le sommeil, pendant les jeux ; telle autre à calmer les cris. Les nourrices forment des groupes distincts ; ce sont les mères qui viennent à des heures réglées alimenter chacune son nourrisson. Si l'une manque de lait, une autre mère, qui en est abondamment fournie, se charge d'une double nourriture ; c'est un devoir qu'elle remplit envers la pha-

lange chargée du soin de tous les enfants ; c'est
une marque d'affection qu'elle donne à la mère;
c'est un doux lien formé entre ces deux femmes.
Si une mère tombe malade, toute la série des
nourrices s'offre à la remplacer momentanément.

Chaque mère qui veut prolonger les soins
donnés à son propre enfant s'enrôle dans la
série des bonnes et choisit les groupes qui lui
conviennent ; elle donne à son nourrisson des
soins particuliers, selon son bon plaisir. L'enfant appartient à la mère avant d'appartenir à la
phalange. Elle ne cède ses droits que parce
qu'elle voit de ses yeux qu'elle ne peut lui donner, à beaucoup près par elle-même, des soins
aussi constants, aussi assidus qu'il en trouve
dans le séristère, où des groupes de bonnes,
passionnées pour les enfants, se relayent jour et
nuit sans discontinuité. La mère qui, moins
apte à ce genre de soins, ne veut s'enrôler dans
aucun groupe du séristère d'enfants, est libre
de vaquer aux autres travaux de son choix ; elle
peut se contenter de voir et embrasser son enfant, et rester témoin des soins dont il est comblé : elle peut aussi ne point participer à son

entretien. La phalange assure à tous ses membres, depuis le jour de la naissance, le *minimum*.

On comprend, dans cette seule partie de l'é-
ducation, quelle économie de temps et d'argent,
quelle épargne de peines, de soucis et d'ennuis
pour les mères, et combien les enfants sont
mieux soignés, plus contents et plus heureux que
dans l'état morcelé. Il est inutile de dire que des
groupes de médecins et de chirurgiens attachés au
séristère d'enfants ainsi qu'à la phalange entière,
offrent des garanties certaines de leur science et
de leur zèle. Dans la phalange, au contraire, de
la civilisation, les médecins sont d'autant moins
rétribués qu'ils ont plus de malades et d'autant
plus qu'ils en ont moins. C'est la partie hygié-
nique ou l'art de prévenir les maladies qui est
essentiellement de leur domaine, et leur attire
le plus d'honneurs et de récompenses.

Aussitôt que les enfants ont quelque lueur
d'intelligence, sont capables de quelque adresse,
dès l'âge de trois à quatre ans, de nouveaux
groupes, affectés à la surveillance et à la direction
de l'enfance, ont le soin de les conduire dans
les divers ateliers du phalanstère, et dans les

jardins, vergers, potagers, écuries, étables, basses-cours, où ils ont constamment sous les yeux les travaux organisés par groupes et séries. Les surveillants se composent essentiellement de vieillards et de matrones, car c'est la vieillesse qui sympathisent le plus avec le jeune âge. On laisse librement les diverses aptitudes et vocations chez ces jeunes enfants, poindre, croître, et se développer; leur instinct d'imitation est tel qu'il suffit pour les *attirer* à l'industrie, de leur abandonner des outils miniatures, de jardinage, d'industrie, arts et métiers; ils en font aussitôt usage ardemment et passionnément. Ils ne cherchent pas à briser et à détruire; mais, stimulés par l'exemple d'enfants un peu plus âgés, qui, déjà travailleurs utiles, jouissent de certains priviléges, comme d'outils plus grands, plus solides, de vêtements de parade, d'une organisation régulière en groupes et séries, les plus petits enfants cherchent à mettre toute l'adresse dont ils sont susceptibles dans leurs travaux en miniature. On profite aussi d'un certain amour propre inné chez les enfants, qui leur fait ambitionner de participer aux travaux des grands, de se rendre utiles, d'avoir de l'im-

portance ; on en profite pour utiliser réellement
eurs forces dès le plus jeune âge. Dans les jardins, ils arrachent les plantes parasites ; à la
cuisine, ils tournent de petites broches, écossent
les pois, nettoient les légumes, pèlent les fruits,
lavent les assiettes, etc. ; on les emploie enfin à
tout ce qui n'exige pas une force et une adresse
au-dessus de leur âge ; et l'on voit tous ces petits enfants, déjà stimulés par de vives passions,
se livrer avec plaisir et ardeur aux travaux qu'on
leur permet. Du moment qu'on les utilise, ils
travaillent par groupes et par séries. Dans chaque groupe sont établis les divers degrés de capacité, ce qui est un moyen d'émulation ren-
fermé dans le groupe même, sans compter les
rivalités entre les groupes contigus. Un moyen
plus puissant encore est le passage successif de
l'enfance en diverses phases correspondantes en
ordre ascendant aux divers âges. L'enfant passe
successivement, à mesure qu'il acquiert de la
vigueur et de l'intelligence, dans diverses tri-
bus qui jouissent toutes de prérogatives et de
priviléges conformes à leurs emplois, successivement plus difficiles et plus élevés. De la sorte,
chaque enfant a devant lui un groupe plus

avancé en force et en adresse, où ne peut passer qu'en se perfectionnant et satisfaisant aux examens que le groupe même où il veut être admis lui fait subir. Il passe ainsi par un nombre successif de groupes et séries, marquant les diverses phases de l'enfance et de l'adolescence jusqu'à la virilité, jusqu'à ce qu'il compte parmi les hommes. Alors seulement il jouira d'une indépendance complète et sera entièrement libre dans ses travaux. Jusque-là il n'est jamais forcé, jamais contraint, mais il est guidé. Il a le choix des travaux ; mais comme ils sont, pour l'enfance, divisés en plusieurs degrés, il faut, pour passer d'un degré plus bas à un degré plus élevé, qu'il fasse preuve de force, d'adresse et d'aptitude suffisantes.

Un puissant ressort d'éducation adapté à l'état sociétaire est l'*opéra*, compris dans l'organisation intérieure de tout phalanstère de grande harmonie ; il sert, à tout âge, d'*école d'harmonie matérielle*, tant pour les exécutants que pour les spectateurs. On y emploie les enfants dès l'âge de trois à quatre ans dans les chœurs, parades, évolutions, où ils s'exercent aux chants mesurés, aux pas et aux mouvements mesurés, et à la justesse de l'oreille. Ce divertissement attire passionnément tous les membres de la phalange à tous les âges, et chacun se trouve apte à quelque emploi. C'est un plaisir habituel pour tous et en même temps le plus utile enseignement, car l'*harmonie passionnelle,* gage de bonheur et de concorde, s'unit intimement à l'*harmonie mesurée* ou *matérielle.*

Nous voyons combien de motifs réunis excitent les enfants aux travaux utiles dès le plus bas âge. On sait combien est puissante la faculté d'imitation chez les enfants. Tout ce qu'ils voient faire ils le veulent tenter. On connaît aussi leur activité incessante, leur humeur turbulente et destructive. C'est le désespoir des ménages; l'enfant veut toucher à tout, et cependant rien n'est à sa portée; ce sont des gronderies, des criailleries constantes vis-à-vis le pauvre petit qui suit l'impulsion de sa nature, impulsion précieuse en ce que, bien dirigée, elle pousse l'enfant au travail. S'il brise et détruit, c'est qu'on ne lui fournit pas autrement le moyen d'activer ses facultés. Déjà, en civilisation, on en peut faire l'observation; si une petite fille peut aider sa mère au ménage.

si elle peut avoir soin de son petit frère , le
garder, le bercer ; si on lui donne le soin du
linge à serrer, de fruits à récolter ; si on lui
permet de se nicher à la cuisine et aider la cui-
sinière, elle fera de son mieux et sera enchantée
d'être utile. De même, si un petit garçon peut
arroser, bêcher, ratisser la terre , si on lui permet de manier des outils, si on l'emploie à
quelque division de travaux utiles , il y mettra
tout le soin , toute l'adresse dont il est susceptible ; il passera des heures à mettre patiemment
pierre sur pierre, à tourner une roue, à ar-
ranger un tas, par le seul sentiment de l'importance de son travail. Les enfants ont toutes
les passions en germe ; il ne faut que savoir en
tirer parti pour les rendre capables de tout ce
qu'il y a de bon , de grand , d'utile , de généreux. Dans le phalanstère , on s'applique à inspirer aux enfants, dès les premières lueurs
d'intelligence, le sentiment de leur utilité et de
leur importance. Tous leurs jouets sont des
outils , ont un but utile ; tous leurs jeux se
métamorphosent en travaux et deviennent fructueux. C'est chez eux une habitude tellement
native, qu'ils ne comprennent pas qu'on puisse

jamais dépenser le temps en pure perte. Travaux et plaisirs ne font qu'un pour les enfants
de la phalange ; ils ignorent qu'on puisse les
diviser. Les travaux et les outils étant toujours
proportionnés à leurs forces et leur adresse , ils
ne sentent ni la peine ni la fatigue. Travaillant
par groupes et à courtes séances, il ne connaissent ni l'ennui ni le dégoût; mais , bien au
contraire , constamment stimulés par l'exemple , par les regards fixés sur eux , l'attente des
examens, le désir d'avancer en grades, de
passer dans la série plus avancée où ils voient
fonctionner des enfants d'une force immédiatement au-dessus de la leur, ils sont pleins de
zèle et d'ardeur. Ils possèdent des mobiles encore
plus puissants ; l'affection de tout ce qui les
entoure, le désir d'y répondre, de plaire, l'a-
mour, l'enthousiasme , la religion , la puissance
de dévouement dont les enfants sont éminemment capables ; Dieu, l'humanité, la patrie , la
famille qui les poussent au *devoir,* c'est-à-dire
la coopération à l'ordre et à l'harmonie dans la
phalange native et dans le monde entier.

Par la seule imitation et initiation successive,
les enfants font apprentissage de tous les tra-

vaux auxquels ils sont attirés par penchant ét
vocation. Toutefois ce n'est là qu'une partie
de l'instruction proprement dite. C'est la partie
imitative, mécanique, matérielle, celle qui
développe le plus essentiellement les forces physiques; c'est par là qu'il faut débuter avec l'enfance. Le corps prend de la vigueur avant l'esprit; toutefois l'esprit n'a pas été absolument
négligé : l'enfant a acquis mille notions, il a
deviné en partie la théorie par la pratique; il a
beaucoup vu, beaucoup entendu, beaucoup
senti. Son esprit et son jugement n'ont pu
être faussés ; ils se sont développés spontanément ; ils se sont exercés sur la vérité et la réalité des choses. Le cœur n'a pu être gâté, car
ces jeunes enfants n'ont sous les yeux que des
exemples de franchise, de bonté, de concorde,
d'harmonie. Tout leur parle de la grandeur de
Dieu, de sa justice, de sa bonté. Ils voient
Dieu dans ses œuvres, ils le sentent en eux,
hors eux : dans l'harmonie des choses créées,
dans l'harmonie de la société où ils vivent, dans
l'harmonie de leurs propres passions, de tout
leur être. Leur vie est un sentiment perpétuel
d'amour et de reconnaissance pour Dieu et

leurs semblables. Ils ne savent ce que c'est que
des passions haineuses, du doute, de l'incrédulité, du sophisme. Chez l'enfant harmonien,
l'amour et la foi se développent spontanément ;
il examine, il pense, il réfléchit par lui-même ;
il s'abandonne aux sentiments naturels ; il n'est
susceptible ni de feinte, ni de réticence, ni de
crainte ; il ne connaît que la vérité, il la cherche
et la dit comme il la sent. C'est ainsi que le développement de l'âme et de l'esprit ne reste pas
en arrière de la force et de la vigueur du
corps.

Toutefois, à côté du développement naturel
de l'esprit et de l'aptitude à diverses branches
d'industrie, il reste à l'enfant à acquérir la
science, proprement dite : soit la théorie complète des arts et des diverses branches d'industrie qu'il cultive, soit les notions principales des
sciences qui intéressent toute créature pensante,
la description du ciel et de la terre, l'histoire
des nations, la grammaire et la littérature générale. Des professeurs donnent spontanément
des cours pour tous les âges, à tous les degrés
d'instruction. Les enfants, les jeunes gens y
assistent, selon que leur inclination les y porte.

Dans la phalange, quels seront les professeurs? généralement, tous ceux qui possèdent la science, la théorie; ils ont naturellement la vocation d'enseigner ce qu'ils savent. C'est un besoin chez ceux qui possèdent des connaissances de les communiquer à autrui. Dans la phalange, les savants ne sont point des hommes de cabinet purement théoriques, ce sont en même temps des industriels, des hommes d'art, de métier, d'action. Dans la phalange, on a trop de facilité à joindre la théorie à la pratique pour que jamais on les sépare. Les savants ne forment point une classe à part; tous les travailleurs sont plus ou moins praticiens, théoriciens, et la plupart professeurs. Ils s'enrôlent dans les divers groupes d'enseignement; ils rivalisent de zèle et d'ardeur à qui cultivera mieux le cœur, l'esprit et l'intelligence de la nouvelle génération. Les plus fameux forment chacun, dans leur partie, des sous-professeurs parmi les élèves les plus aptes et les plus intelligents, pour distribuer l'instruction, d'après leurs méthodes, aux divers groupes, moyens et primaires. Chaque branche des sciences est ainsi enseignée en plusieurs groupes échelonnés, d'après

une méthode à la fois mutuelle et simultanée.
Les leçons se donnent, autant que la saison et
le climat le permettent, en plein air, en face
d'une nature riante et grandiose et des objets
mêmes qui servent de matière à l'enseignement.
Si c'est d'agriculture, de jardinage, de botani-
que que le professeur entretient ses élèves, il
prend la terre et ses productions pour démonstration à ses discours ; si c'est d'astronomie,
un ciel étoilé lui sert de texte sublime ; si c'est
d'histoire, de littérature, de poésie, il choisit
le site le plus pittoresque, l'heure du jour la
plus favorable à l'inspiration ; si c'est de peinture, c'est devant les chefs-d'œuvre des grands
maîtres, et plus encore de la nature même,
qu'il développe les beautés et les magnificences
de l'art ; si c'est de musique, il enchante l'oreille
par l'harmonie avant d'en développer les principes ; enfin, si c'est des arts mécaniques, des
métiers, des diverses branches d'industrie, le
professeur conduit ses disciples dans les ateliers,
donne la démonstration à côté du précepte,
fait l'application, dans différentes sortes de
travaux, des principes de physique, de chimie,
de mathématiques. La cuisine, le grenier, la

cave, l'étable, l'écurie, la basse-cour, le jardin, le potager, les vergers, les champs servent à la fois de scène et de texte d'enseignement. L'enseignement est, en quelque sorte, perpétuel. Chaque chef de groupe joint des principes théoriques à la pratique. Je ne parle pas ici de l'enseignement élémentaire, la lecture, l'écriture, le calcul ; car cette première instruction est si facile, si remplie de charmes en harmonie, que c'est purement un jeu, un amusement, tant pour les professeurs que pour les élèves. Les jeunes filles de douze à quinze ans se disputent ce professorat avec les graves vieillards. Ces derniers recherchent l'enfance de prédilection ; quant aux jeunes filles, elles aiment de bonne heure à faire les petites mamans. Les uns et les autres s'enrôlent dans les groupes d'instituteurs élémentaires et rivalisent de zèle et d'ardeur en même temps que d'invention pour les méthodes faciles et attrayantes.

Les vieillards ne sont pas une charge dans la phalange, comme généralement ils le sont dans la civilisation. Aimés, honorés, respectés, ils travaillent et s'utilisent tant que leurs forces le leur permettent, remplissent le sacerdoce de l'enseignement avec tous les avantages que leur procurent une longue expérience et une grande pratique, et lorsqu'ils arrivent sur leur déclin, se rapprochant de la tendre enfance, ils en deviennent les guides, les protecteurs, les gardiens. Spectacle touchant, harmonie sublime, que le vieillard et l'enfant, se guidant, se portant secours, s'aidant mutuellement, l'un à à vivre, l'autre à mourir !

Les enfants et les adolescents restent parfaitement libres de suivre les cours qui leur conviennent. Ils s'instruisent ou restent ignorants selon leur désir. Mais il en est des études comme des travaux ; la civilisation seule les rend répugnants. L'homme à tout âge est dévoré du désir de s'instruire. Chez tous, hommes, femmes, enfants, c'est une passion : *savoir, acquérir des connaissances.* Tous même s'instruisent spontanément, recherchent des lumières sur tout ce qui a été, sur tout ce qui est. Cette passion est vive surtout chez l'enfant. Aussitôt que son intelligence est développée, il cherche, il tâtonne, il questionne ; s'il trouve une instruction à sa portée, il la saisit avec ardeur. Combien, à plus forte raison, la passion de l'étude sera excitée en harmonie où l'enseignement libre, spontané, tant pour les professeurs que pour les auditeurs, aura communément la pratique pour objet immédiat, et se liera aux travaux journaliers, qui déjà captivent et passionnent les élèves. En harmonie, l'instruction est une des plus fortes passions, et des plus vives jouissances de l'enfant, de l'adolescent et de l'âge mûr, des jeunes filles et des femmes, comme des hommes. Le vieillard même est encore disciple en même temps que professeur. Tant qu'il conserve son intelligence, il a le désir de s'instruire. La phalange forme une vaste école d'enseignement mutuel où tous sont à la fois disciples et professeurs, s'éclairent mutuellement sur toutes les branches des sciences, et poussent toujours plus loin de concert leurs investigations, de telle sorte que l'intelligence humaine, dégagée de tous les soucis et soins mesquins de l'existence matérielle, grandit dans d'immenses proportions, en même temps que, par une application toujours plus étendue des sciences, elle élargit le champ de l'industrie jusqu'à des limites que nulle imagination aujourd'hui ne peut même concevoir,

Chaque phalanstère ne saurait renfermer des hommes éminents dans toutes les parties de l'enseignement, non plus que des collections complètes dans toutes les branches des arts et des sciences, ni des ateliers dans tous les genres d'industrie. Chaque phalange contient les notions, les éléments, les germes de toutes les sciences ; en quelques parties, soit par une disposition particulière du terrain, soit par une aptitude spéciale à la plupart de ses membres, elle brille avec éclat. Elles ont toutes renommée pour l'une ou l'autre branche des arts, des sciences, de l'industrie. Or, comme les jeunes harmoniens ne sont pas renfermés dans leur phalange ainsi que dans une coquille, s'ils désirent étendre leur instruction, approfondir l'une ou l'autre branche d'étude pour laquelle telle phalange éloignée est fameuse, ils vont y passer quelque temps, retrouvant dans cette phalange nouvelle la même langue, les mêmes mœurs, les mêmes usages, les mêmes travaux journaliers que dans leur phalange native ; ils y acquièrent *gratuitement* les connaissances qui leur manquent et reviennent dans leur phalange les appliquer et les enseigner au profit de tous.

C'est encore un des charmes du système unitaire de pouvoir satisfaire le goût des voyages,
si général et si commun. Chacun voyage selon
sa fantaisie, soit par but de plaisir, besoin de
mouvement, de variété, soit par but d'instruction, soit par but d'utilité. Sur tout le globe,
on trouve de magnifiques routes parfaitement
tracées et entretenues, ombragées, rafraîchies,
ainsi que les voitures les plus commodes, soit
ordinaires, soit à la vapeur. On est défrayé de
tous frais de route et de gîte par les phalanges,
qui toutes se font un devoir de l'hospitalité. On
jouit par toute la terre des avantages d'une
langue, d'une monnaie, d'une mesure, de
mœurs, coutumes, travaux unitaires. Si un
voyageur fait quelque séjour dans une phalange, ou bien il accepte le *minimum* offert à
tous, ou bien il prend part aux travaux des
groupes et séries qui, pour les objets de nécessité, sont exactement semblables dans toutes
les phalanges, et il se défraye ainsi lui-même
par le bénéfice de son travail. On voit que les
voyages qui feront partie de l'éducation ne
seront point coûteux, et qu'on pourra laisser les
jeunes gens courir le monde sans craindre ni

qu'il leur arrive malheur, ni qu'ils se corrompent.

Les travaux de la phalange, si variés qu'ils soient, ne suffiraient pas à l'activité humaine, surtout durant la première fougue de la jeunesse. Elle a besoin de voir, d'aller, d'entreprendre des choses extraordinaires, merveilleuses, de faire preuve de courage et d'héroïsme. Dans les temps antiques et au moyen-âge, cette fougue trouvait encore à s'assouvir, quand tout se décidait à la pointe de l'épée, qu'un aventurier pouvait se promettre un royaume, et que les limites du monde, n'étant pas connues, ouvraient un vaste champ à l'esprit de découverte. Les peuples souffraient; mais les génies hardis pouvaient donner carrière à leur humeur entreprenante et ambitieuse. Aujourd'hui les routes sont fermées à cette activité intérieure, ce besoin de mouvement, ce désir d'entreprendre, d'exécuter de grandes choses, qui agite l'ame des jeunes gens, les tourmente en proportion de la puissance de leurs facultés, et les fait se mourir de langueur dans la monotonie d'insipides travaux. Combien dans leur désespoir qui voudraient, comme Samson, agitant

les colonnes du temple, faire crouler la société
entière, dans l'espoir que la variété et le mouvement naîtraient des ruines et des décombres.
Aujourd'hui que les limites du monde sont
connues, que le merveilleux est détruit, que
la société paraît ordonnée, ou du moins que
les choses tiennent ensemble, qu'un semblant
d'ordre règne dans le désordre, aujourd'hui
les voyages n'ont qu'un but mesquin connu par
avance ; les expéditions maritimes n'offrent que
de monotones chances de calme et de tempête;
les armées, les guerres ont perdu toute la
magie, la grandeur, les perspectives qui en
dissimulaient la dégoûtante atrocité. Aujour-
d'hui la guerre n'est plus qu'un triste et en-
nuyeux métier, qui n'offre que de médiocres
chances d'avancement et n'a rien de ce qui peut
satisfaire des facultés actives et une ardente
ambition. Aujourd'hui, quand les jeunes gens
ont fini ce qu'on appelle leur éducation, leurs
études universitaires, et que, peu soucieux de
travaux monotones, ils voudraient s'élancer
dans le monde et en quelque sorte le conquérir,
tout voir, tout connaître, entreprendre de
grandes choses; aujourd'hui, même quand ils

possèdent de la fortune, que peuvent-ils faire,
quelle carrière brillante leur est offerte? Tout
au plus, ils voyageront monotonement, plate-
ment, pour revenir chez eux, fatigués de ce
qu'ils auront vu, dégoûtés de ce qu'ils retrou-
vent.

En harmonie, une magnifique carrière s'ouvre à toutes les humeurs actives ; elle est à la
fois le but, la récompense et le complément de
la première éducation. Cette carrière est celle
des armées industrielles qui, au nombre de plusieurs cent mille hommes, se répandent dans le
monde entier pour cultiver, féconder la terre,
l'embellir et opérer, comme par enchantement,
des travaux prodigieux, dont on ne peut avoir
aujourd'hui l'idée. La substitution d'armées industrielles aux armées dévastatrices est une des
plus belles parties de la conception de Fourier,
et qui offre le plus large champ à l'imagination,
sur l'avenir matériel du globe.

CHAPITRE XII.

Armées industrielles.

« J'admets, si l'on veut, dit Fourier, que les légions romaines, détruisant trois cent mille Cimbres à Saint-Remy, se couvrent de gloire, et moissonnent des lauriers; mais ne serait-il pas plus glorieux à ces deux armées gauloise et romaine de se réunir pour créer au lieu de détruire, de se distribuer d'Arles à Lyon, de jeter, dans le cours d'une campagne, trente ponts de pierre sur le Rhône, et d'élever sur tous ses bords des digues pour sauver de précieuses terres qu'il emporte chaque année? Une telle

gloire, ce me semble, vaudrait bien les moissons de lauriers de nos héros, dont la réunion
laisse toujours une moisson de cyprès aux contrées qui sont le théâtre de leurs exploits. »

Les armées industrielles ressortent naturellement du système d'unité. Ce qui serait aujour-
d'hui impossible dans l'état de guerre et de
lutte des nations vis-à-vis les unes des autres,
la levée d'un million d'athlètes industriels, tirés
de cinquante empires qui fourniraient chacun
vingt mille hommes, s'effectuera de soi-même,
quand tous les États, ne formant plus que des
séries de phalanges et vivant en harmonie, auront pour premier soin la culture et l'embellissement général du globe.

Si l'on se dépouille du préjugé d'une perfectibilité vaine, et que l'on jette sur la terre un
regard impartial, au premier abord on reste
saisi d'étonnement en voyant que, depuis tant
de milliers d'années que les hommes l'habitent,
elle soit encore si nue, si déserte! mais bientôt
on s'explique ce retard par les armées dévastatrices qui n'ont cessé de ravager et d'ensanglanter la terre, de détruire à mesure que les
hommes élèvent et d'opposer leurs fureurs au

génie industriel de l'humanité. Comment, à la
vue de tant de désastres, n'est-il pas venu à la
pensée des philanthropes de se poser le problème *d'une réunion de cinq cent mille hommes*
occupés à construire, au lieu de détruire! En
envisageant les magnifiques résultats qui res-
sortiraient d'armées industrielles substituées
aux armées dévastatrices, ils en seraient venus
à poser le principe d'unité qui peut seul les engendrer, et ils auraient ainsi découvert l'état
sociétaire, destinée de l'homme.

« C'est par défaut d'armées industrielles que
la civilisation ne sait rien produire de grand, et
échoue sur tous les travaux de quelque étendue. Elle a autrefois exécuté de grandes choses,
en employant des masses d'esclaves qui travaillaient à force de coups et de supplices. Mais si
des ouvrages comme les Pyramides et le lac
Mœris doivent être abreuvés des larmes de cinq
cent mille malheureux, ce sont des monuments d'opprobre et non des trophées pour la
civilisation. »

Sans même remonter dans l'antiquité, le
despotisme de Pierre Ier, sacrifiant plusieurs
cent mille hommes à l'érection de Saint-Pé-

tersbourg, excite plutôt l'horreur que l'admiration.

« Les armées industrielles se réaliseront dès
la fondation de l'harmonie, parce que la jeunesse élevée en civilisation aura beaucoup de
penchant pour les réunions d'armée, et que,
n'ayant pas été façonnée à l'agriculture harmonienne, elle y tiendra moins dans le début
qu'une génération qui y aura été habituée dès
l'enfance; elle courra d'autant plus avidement
aux grandes et brillantes réunions. Trois motifs
entraîneront fortement à ces armées industrielles dès le début de l'association.

» 1° La campagne s'y passe en divertissements autant qu'en travaux : on y a de grandes
occupations, mais qui alternent avec des fêtes
immenses, concourant au progrès de l'industrie. Les travaux s'exécutent par groupes et
séries, et varient de deux heures en deux heures, comme ceux de la phalange.

» 2° On n'y a point à souffrir des injures de
l'air. Chaque détachement est abrité au travail
par de bonnes tentes, logé dans les camps cel-
lulaires des phalanges voisines, conduit en voi-

20.

ture, le matin, au lieu du travail, et ramené de même le soir, en cas d'éloignement.

» 3° L'avancement y est assuré au mérite.

» Les amorces en tous genres ne manqueront point pour attirer aux armées industrielles ; elles seront beaucoup plus nombreuses que les armées dévastatrices. J'estime que, pour l'attaque du *Sahara* ou grand désert, il faudra entretenir une masse de quatre millions d'hommes pendant quarante ans, à six ou huit mois de travail chaque année. Cette armée s'occupera de boiser de proche en proche, afin de rétablir les sources, humecter et fixer peu à peu les sables et améliorer graduellement les climatures.

» La grandeur de l'harmonie consiste autant dans l'énormité de ses travaux que dans la rapide exécution qu'on n'obtiendrait pas d'une masse d'esclaves et de salariés, tous d'accord à esquiver le travail. Les harmoniens, pour qui il est transformé en fêtes, en sujet d'amour-propre, y apportent d'autant plus d'activité que le nombre d'athlètes en facilite les progrès. Admettons que tel travail, comme rechaussement et reboisement d'une montagne, puisse devenir

une partie de plaisir pour une armée de vingt
mille hommes qui entourent la montagne, leur
émulation sera doublée par le charme de voir
avancer rapidement l'entreprise et d'en être fé-
licités chaque soir en retournant dans les phalanges de campement, pour qui les avantages de
ce reboisement deviendront un motif de bien
fêter les légions des deux sexes ; car il y a d'ordinaire dans chaque armée industrielle trois
sixièmes d'hommes, deux sixièmes de femmes et
un sixième d'enfants (*). »

A l'aide des armées industrielles, les travaux
les plus gigantesques deviendront un jeu, un
amusement. Elles se répandront sur la terre
pour la fertiliser et la couvrir de phalanges, en
même temps que les pays trop chargés de populations se dégorgeront par de nombreux essaims pour la coloniser. Tous les travaux de
culture, de boisement, d'irrigation générale, seront à la fois entrepris ; on pourra enfin accomplir les améliorations dont l'urgence est reconnue
depuis des siècles, et que la civilisation n'a jamais pu tenter, telles que la coupure des isthmes

(*) *Traité d'association.*

de Suez et de Panama, le desséchement des ma-
marais Pontins, le défrichement des landes et
bruyères en France, Angleterre, Belgique, Pologne, Russie, etc. Des routes seront tracées sur
tout le globe ; des canaux et des chemins à vapeur couvriront la terre ; les rivières seront en-
caissées, les torrents contenus, la mer renfermée dans ses limites ; enfin de la culture générale naîtra la *restauration* ou adoucissement
général des climatures, qui, s'étendant jusqu'aux pôles, rendra la mer Glaciale navigable,
ouvrant ainsi, de la sorte, de nouvelles communications aux peuples septentrionaux, en même
temps qu'une température adoucie et mitigée
par tout le globe donnera le bénéfice de trois
récoltes par an et fera de la terre entière un séjour enchanté.

La restauration des climatures, par l'effet de
culture générale, est un des résultats les plus
curieux du système unitaire ; j'y ai consacré un
chapitre, mais j'ai cru devoir le renvoyer vers la
fin de l'ouvrage, pour ne pas interrompre le
détail de l'organisation de la phalange et des
moyens de réalisation.

CHAPITRE XIII.

Administration unitaire de la phalange et du globe.

Le système sociétaire est, comme on a vu, basé sur la liberté la plus large. Nul n'est forcé, nul n'est contraint, chacun est libre dans ses goûts, dans ses penchants, dans ses travaux ; toutefois il y a un ordre, une règle, une sorte d'administration intérieure et extérieure, un gouvernement unitaire ou foyer central. Chaque phalange gouverne ses affaires par elle-même et ne se rattache à l'administration générale des provinces, des royaumes, du globe

que pour ce qui est relatif aux intérêts généraux, tels que les travaux publics, les armées
industrielles, la récompense des savants, des
artistes, des inventeurs, etc. ; elle s'y rattache
par voie élective : le système total de l'état sociétaire repose sur l'élection. L'élection est la
règle unique qui naît spontanément et concilie
l'ordre et la liberté. Il y a élection partielle
dans les groupes et les séries ; chaque groupe,
chaque série a ses chefs ; chaque candidat aux
travaux des groupes et séries doit subir l'examen des groupes mêmes où il veut être admis.
Les examinateurs sont les juges les plus compétents et les plus intéressés dans la question.
L'intérêt qu'ils ont à se renforcer d'un membre
capable, ou bien à rejeter un candidat inepte,
est un sûr garant de l'équité de leur jugement.
Il en est de même des élections intérieures des
groupes : les membres qui élisent eux-mêmes
le chef ont un puissant intérêt à ce que ce soit
le plus capable ; et comme, d'ailleurs, chaque
groupe doit fonctionner aux yeux de la phalange, une élection fautive serait bientôt annulée par la force des choses. Tous les groupes
voisins berneraient le groupe assez stupide pour

ne pas mettre en tête de ses travaux le plus capable de les diriger.

Toutefois la hiérarchie des groupes et des séries n'est que momentanée ; les plus habiles sont chefs dans tel groupe, telle série, pour le moment où ils fonctionnent ; le moment qui suit, ils peuvent, dans d'autres groupes et d'autres séries, se trouver inférieurs à ceux mêmes qu'ils commandaient le moment d'auparavant. On comprend que ce pouvoir passager, limité aux fonctions où il s'exerce, basé sur l'élection, ce pouvoir qui passe de main en main en même temps que les travaux varient et alternent, n'a rien de contraire au principe de liberté. La hiérarchie dans les groupes est un gage d'ordre pendant la durée des travaux, en même temps qu'elle facilite la répartition au *talent,* chaque chef de groupe étant déclaré le plus habile, et avoir, par conséquent, droit à cette part de lot.

Toute l'administration intérieure de la phalange est basée sur le même mode d'élection. La régence même qui l'administre n'est autre qu'une série formée de groupes chargés de l'ordre, de la surveillance, de la gestion, des

relations extérieures, etc., qui varient leurs
fonctions par d'autres travaux, recrutent habi-
tuellement leurs rangs, élisent leurs chefs et ne
les maintiennent qu'autant qu'ils fonctionnent
avec l'approbation de la phalange entière. De
la sorte, dans l'administration même des intérêts généraux de la phalange, chacun n'a
pouvoir que dans la spécialité où il est le plus
capable ; chacun est dépendant du groupe et de
la série où il s'enrôle. En résumé, la régence ne
forme nullement une charge distincte ; la phalange s'administre par groupes et séries dont
chaque membre est enrôlé dans une trentaine
de groupes et séries, où il se trouve tour
à tour inférieur et supérieur, selon sa capacité.

Il y a élection partielle pour les intérêts de
chaque groupe, de chaque série, de chaque
phalange, de chaque province, de chaque
royaume. Il y a élection générale entre les divers
groupes dépendant d'une série, les diverses séries
formant la phalange, les diverses phalanges formant les provinces, les diverses provinces formant le royaume, les divers royaumes formant
la population unitaire du globe. Toutefois, qu'on

remarque que les dénominations de provinces, royaumes sont purement fictives et ne représentent qu'un nombre de phalanges, qui va toujours s'agrandissant jusqu'au congrès sphérique, où les phalanges du globe sont représentées. Il y a administration, il y a centre, car l'unité suppose un centre, et dans le firmament même le soleil est le centre d'où la chaleur et la lumière se répandent à flots sur la nature entière. Il y a hiérarchie de nombres, à partir de l'individu attaché à la parcelle du travail, représentant dans le sous-groupe la parcelle de l'unité sociale, et se rattachant à cette unité pour n'en former qu'un tout par les nombres successifs du groupe, de la série, de la phalange, de la province, du royaume, etc. Mais *province*, *royaume*, et toute autre division qu'on emploie, ne signifient jamais que *nombre* de phalanges. Il n'y aura que des phalanges sur le globe, et la capitale même du globe, située, selon Fourier, à l'emplacement de Constantinople, formera une série de phalanges. Chaque commune doit être représentée au congrès unitaire délibérant sur les affaires du globe. Mais, comme trois ou quatre millions

de communes couvrant la surface de la terre,
lorsqu'elle sera peuplée au grand complet, ne
peuvent avoir leurs représentants réunis, elles
se divisent et se groupent en certain nombre,
pour envoyer au congrès unitaire, par voie
d'élection générale, un représentant par province, royaume, etc., etc.

En même temps que les dénominations de
provinces, comtés, duchés, royaumes, sont
conservées, comprenant à peu près la même
étendue de territoire que dans l'état actuel, tous
les titres, tous les trônes sont également con-
servés, avec les revenus qui y sont attachés,
doublés et triplés par l'accroissement de la fortune publique. Nul n'est lésé dans le système de
Fourier ; les riches, les puissants, les rois de la
terre, loin de supporter aucun préjudice, aucun dommage, verront s'accroître leurs richesses,
leur puissance, leurs jouissances. Les riches, à
l'abri des bouleversements, jouiront en paix de
leurs revenus, sans craindre, comme aujour-
d'hui, que le peuple affamé vienne leur demander de quel droit ils jouissent au détriment
des misérables. Les rois à l'abri des révolutions,
bénis de leurs peuples, tireront le double

d'impôts, sans exciter de murmures, verront les dettes publiques s'éteindre, acquerront de nouveaux royaumes, sans répandre le sang, ni jeter l'argent, au moyen de colonisations dans les pays barbares, que de nombreux essaims de familles harmoniennes iront conquérir pacifiquement, et *attirer*, par leur exemple, à l'industrie attrayante.

Je n'ai voulu ici qu'indiquer le mode d'administration de la phalange et du globe; tout emploi, toutes fonctions sont décernés par voie élective; tout individu est électeur dans ses fonctions spéciales et dans la représentation générale de la phalange; tout candidat a pour examinateurs des juges naturellement impartiaux et compétents. L'administration sociale, dans cet ordre de choses, est la même que celle qui régit l'univers où tous les êtres, s'attirant et se maintenant dans un juste équilibre, accomplissent leurs fonctions, et coopèrent à l'ordre général, chacun dans sa sphère, sans que la puissance du maître de toutes choses se fasse jamais sentir que par ses lois immuables et éternelles. De même, dans l'ordre humain, il n'y aura d'état libre pour les hommes que lorsque l'administration formera un rouage qui maintiendra toutes choses dans un ordre parfait, sans que l'arbitraire puisse jamais l'entraver. Cet état libre se réalise dans l'ordre unitaire, où chacun fait partie du tout en proportions exactes, sans qu'il appartienne à aucun de désharmoniser ces proportions en prétendant les rétrécir ou les élargir à sa volonté.

CHAPITRE XIV.

Condition des femmes en harmonie.

Depuis que les questions sociales sont, en quelque sorte, à l'ordre du jour, la condition des femmes est celle qui est la plus obscurcie par les préjugés. On réclame leur *émancipation*; ce mot seul soulève une foule d'esprits, les irrite par avance, les porte à tourner en dérision ce grave sujet.

Fourier porte toute sa sollicitude sur la condition des femmes; il voit en elles la classe la plus opprimée, en même temps que le plus puissant instrument de régénération sociale.

Son système d'association, en leur assurant l'indépendance, les relève de leur abaissement, efface tous leurs maux. Aucune classe n'est aussi intéressée que les femmes à souhaiter la réalisation de son système. Il résout toutes les difficultés de leur position, et leur assure la seule *émancipation* qui leur convienne. Quelle est cette *émancipation?* c'est un mot dont on a tant abusé, qu'il est nécessaire d'en donner quelque explication.

Par *émancipation* de la femme, veut-on seulement exprimer modification, amélioration, progrès? Qui pourrait nier que la condition des femmes n'en soit susceptible, ainsi que toutes les institutions humaines?

La femme sauvage, reléguée dans un coin de la hutte comme un animal immonde, et dont le sort est si affreux, qu'il lui arrive, lorsqu'elle met au monde un enfant *du sexe le plus faible*, de le tuer pour qu'il n'ait pas à maudire l'existence, cette femme n'a-t-elle pas un progrès social à ambitionner? C'est de ce degré de misère et d'abjection, que la femme, passant par les diverses phases sociales, depuis la barbarie complète des Tatars et Kalmouks, et la demi-barbarie des Turcs, jusqu'à l'état de civilisation actuelle, a toujours vu sa servitude et son abaissement se réduire et se changer en une liberté apparente, un semblant de dignité. Il y a eu jusqu'à certain point progrès dans sa condition sociale. Je dis *jusqu'à certain point*, car chez les peuples barbares qui respectèrent et honorèrent les femmes, tels que les Germains, les Slaves, elles jouirent d'un sort plus heureux et d'une liberté plus réelle que chez aucune des nations civilisées d'aujourd'hui. Puis donc que leur sort a subi tant de modifications, n'en ont-elles plus à souhaiter, à espérer ?

Qu'on jette un regard sur les malheureuses femmes et filles du peuple, les unes condamnées aux travaux les plus durs, subissant toutes les privations, les entrailles déchirées par toutes les angoisses, toutes les douleurs humaines ; les autres vouées au vice et à l'infamie par la misère et le défaut d'éducation, et qu'on dise que la société a tout fait pour les femmes, qu'elles doivent se contenter de leur sort, qu'il ne leur reste rien à désirer, rien à prétendre ! La cause la plus immédiate du malheur pour les femmes, c'est la misère : si l'on réclame leur émancipation, c'est demander avant toutes choses, pour condition première à toute amélioration, une réforme dans l'économie sociale qui efface la misère et donne à toutes l'*éducation*, le *minimum* et le *droit au travail*.

Ce n'est point seulement la classe proprement dite des femmes du peuple, dont les maux prennent leur source principale dans la misère, le défaut de fortune, mais ce sont les femmes de toutes classes. La grande majorité ne possède qu'une fortune médiocre qui ne suffit pas à leur indépendance, et celles même qui possèdent une fortune suffisante sont en danger de la perdre. Elles n'ont point, comme les hommes, la facilité de se créer une carrière, ou du moins ce n'est pour elles qu'une exception entourée de difficultés. Le mariage et les soins de famille sont leur destination ; les lois, les mœurs, l'éducation s'accordent à ne faire de position sociale à la femme que dans le mariage ; hors le mariage, toute position est, pour la femme, pénible, triste, remplie de dégoûts et d'humiliations.

Et cependant, tandis que la société offre aux femmes, pour destinée exclusive, le mariage, qu'elle les élève dans ce but unique, le leur fait considérer comme devoir, nécessité, bonheur, d'un autre côté le mariage ne dépend point d'elles, n'est pas en leur pouvoir. Les hommes qui ont une carrière, leur indépendance et mille distractions, ne le regardent point comme nécessité ; leur amour-propre même n'y est pas attaché comme celui des femmes ; ils attendent, ne s'effrayent pas de vieillir célibataires, et prétendent ne se marier qu'autant qu'ils trouvent réunis les avantages de fortune et de convenance. Les jeunes filles sans dot risquent de végéter dans l'isolement ; celles qui possèdent une dot n'osent se montrer trop difficiles, ni beaucoup tarder dans leur choix, dans la crainte que les belles années ne passent et ne rendent plus rares les occasions. De là vient que tant de femmes vieillissent dans le célibat ; de là vient tant de femmes qui se marient mal et ne connaissent du mariage que les dégoûts, les ennuis, les douleurs.

Le système de Fourier efface la misère ; il donne l'indépendance et ouvre une carrière à toutes les femmes ; il concilie pour elles les soins du ménage et les devoirs de la maternité avec le développement intellectuel et l'aptitude à d'autres travaux.

Le système de Fourier fait plus; il rend à la femme sa pureté et sa dignité, il la régénère, et la société avec elle.

Singulière erreur où l'on tombe au sujet des femmes; il semblerait, par leur émancipation, par une plus large extension de leur liberté, qu'on réclamât une plus large extension de la corruption et des mauvaises mœurs. C'est étrangement méconnaître la nature de la femme. La corruption pour elle est forcée; elle n'y consent point volontairement, elle ne cesse, même en y cédant, de la détester; elle lutte et combat contre la fatalité des circonstances, et maudit une société injuste qui la condamne à la dégradation et ne lui offre point de voies de salut. Chez les filles du peuple, c'est la misère et l'abrutissement qui les poussent dans l'abîme; chez les femmes des classes aisées, c'est l'ennui, le dégoût, le vide de l'âme résultant de l'isolement ou des tristes mariages que la nécessité leur fait contracter. L'inconduite est presque toujours, pour les femmes, un effet de leur état de misère, de sujétion et d'oisiveté. Il faut donc entendre par *émancipation morale*, pour les femmes, une indépendance de position qui leur permette de ne jamais *se vendre*, de ne jamais se donner contre leur inclination, mais de choisir l'homme qu'elles aiment, auquel elles peuvent librement promettre amour et fidélité.

La sujétion des femmes, leur étroite dépendance vis-à-vis des hommes par la misère, par une position de fortune toujours précaire, est la cause première des mauvaises mœurs. Bien qu'elles soient plus fardées qu'au dernier siècle, cependant tous les désordres existent ; une corruption effrayante s'est glissée dans toutes les classes : unions illicites pour les jeunes filles, adultères pour les femmes mariées. Corruption qui, n'étant tolérée ni par la morale, ni par les mœurs, ni par la législation, enfante l'hypocrisie, le mensonge, la ruse, les vices les plus honteux, les crimes les plus horribles. La société actuelle a comblé la mesure de ses fautes, la corruption des mœurs la dévore, la gangrène. Le mal est si grand, que l'hypocrisie, le mensonge, tout ce qui peut le farder, le déguiser, doit être regardé comme un palliatif nécessaire.

Le mensonge seul soutient encore la société de quelques étais : si la corruption générale venait tout à coup à être mise au jour, et que le vice s'étalât dans toute son impudeur, le monde aurait horreur de lui-même, et la civilisation croulerait sous le poids de ses propres iniquités.

Tout progrès, dans la condition des femmes, ne peut être entendu que par une rénovation sociale qui, donnant aux femmes l'indépendance, leur permette la franchise et la sincérité dans leurs relations. Le mensonge est un palliatif qui tue en sauvant momentanément ; c'est aux femmes à substituer la vérité au mensonge dans tous les rapports sociaux. Mais comment donneront-elles l'exemple de la véracité, si elles ne sont pas libres dans leurs paroles et dans leurs actions ?

Dans tous les temps, dans tous les pays, quelle garantie a-t-on prétendu donner aux bonnes mœurs, à la pureté des jeunes filles, à la fidélité, à la chasteté des épouses ? Ainsi qu'on a fait pour tous les devoirs sociaux, on a donné, pour garantie à la chasteté, la crainte, l'oppression et les châtiments. On a vu les femmes être tenues généralement dans l'igno-

rance et dans l'abrutissement; on les a enfer-
mées dans des sérails et confié leur garde à des
gardiens farouches; on a donné un pouvoir illimité aux pères et aux maris; sur de simples
soupçons, on les a punies, on les a châtiées,
on les a enterrées vives jusqu'au cou, les laissant languir plusieurs jours dans l'agonie de la
faim et du froid. L'éducation, la législation, la
religion se sont réunies pour les épouvanter de
leurs foudres et de leurs châtiments; et cependant l'expérience des siècles a prouvé que ni
craintes, ni cruautés n'étaient une barrière à
l'entraînement des passions, et qu'au contraire
elles leur servent de stimulant et d'excitation.
L'expérience des temps a prouvé que plus la
femme est assujettie et abrutie, plus elle se corrompt, plus elle entre en révolte contre les lois
sociales, et qu'en sens contraire elle devient
digne et chaste, en mesure de sa liberté, de ses
lumières et de son indépendance.

Les qualités spéciales aux femmes, la modestie, la retenue, le sentiment de dignité, ne
sont point des préjugés, ne sont point des vertus d'opinion; pour y forcer les femmes, le
mensonge, la contrainte et les châtiments sont

22

en pure perte; ils ne servent qu'à les faire sortir de leur nature. L'instinct des femmes suffit à les maintenir dans les vertus de leur sexe. C'est parce que la pudeur et la modestie sont pour les femmes une loi attractive, une loi naturelle, que la contrainte et les châtiments ne servent qu'à les rendre éhontées et désordonnées. Que le milieu social change, que la femme puisse penser et agir librement, elle saura faire naître les bonnes mœurs et les relations véridiques, et se montrer ce que Dieu a voulu qu'elle soit pour la concorde, l'harmonie et le bonheur des sociétés.

Vainement on prétend annuler la femme, la réduire à une influence négative. La femme est moitié intime du genre humain; compagne inséparable de l'homme, elle cause ses plus grandes joies et ses plus vives douleurs, l'excite aux vertus, l'induit aux vices. Ange gardien de l'enfance, beau idéal de la jeunesse, objet des plus vives affections de l'homme, rêve perpétuel de sa vie, consolation, soutien de sa vieillesse, la femme exerce incessamment sur l'homme une influence à laquelle il ne saurait se soustraire : dans la famille, hors la famille,

son attrait irrésistible l'attire, le séduit, l'enlace,
lors même qu'il la foule aux pieds, et ne la connaît que dans son abrutissement ; car, s'il échappe
ainsi à son influence salutaire, ce n'est qu'au
détriment des sentiments les plus nobles et des
jouissances les plus exquises. La femme poétise
la création entière ; elle stimule à tous les sentiments d'amour, de dévouement et d'enthousiasme ; elle spiritualise le monde. Pour celui
qui méconnaît son charme tout-puissant, la
nature est morte, le matérialisme domine ; il
n'y a plus ni poésie, ni amour ; le monde ne
présente qu'une masse inerte ; la loi d'attraction cesse d'exister.

Il en est de la société comme de l'individu.
On ne peut ôter à la femme son influence sociale ; elle est nécessairement salutaire ou per-
nicieuse. Plus la femme est annulée, plus elle est
tenue dans la sujétion, dans l'ignorance, dans
l'ignominie, et plus la société terne, prosaïque,
voit crouler ses croyances, n'a de mobiles que
la cupidité et l'égoïsme, et se pétrifiant jusque
dans les entrailles, n'a plus que l'apparence de
la vie, tandis que le cœur a cessé de battre et
le sang de circuler.

L'amour est la plus puissante de toutes les attractions : nul ne se dérobe à son influence ; il captive, séduit, entraîne, donne une nouvelle vie, place le ciel sur la terre. C'est l'amour qui assure à la femme son empire sur l'homme ; c'est par l'amour qu'elle a puissance de le pousser aux actions généreuses, de l'enflammer pour le beau et le bon, de lui inspirer la foi, la faculté de croire, qui est intimement unie à celle d'aimer.

Et cependant que devient l'amour, don divin, dans cette société où toutes les passions, détournées de leur impulsion naturelle, sont funestes et subversives ? L'amour, stimulant aux actions généreuses, n'engendre que rivalités, discordes, intrigues, mensonges et perfidies ; il conduit au vice, il pousse au crime. L'amour, source de ravissements, d'extases, d'illusions charmantes, le plus souvent n'est qu'une souffrance, une torture et une amère déception. Il se transforme en haine, désir de vengeance ; il pousse au doute, à l'incrédulité, au blasphème. L'amour, trône et piédestal de la femme, n'engendre pour elle qu'humiliations et douleurs. Au lieu de l'ennoblir, il la dégrade ; au lieu de

l'élever, il l'abaisse ; au lieu de bonheur, il
ne lui offre que déchirements, doutes et re-
mords.

Ah! regardez autour de vous, mettez la main
sur votre propre cœur. Qu'est devenu l'amour
dans ce siècle de fange et de corruption? que
sont devenues les belles illusions de la jeunesse,
l'espoir d'un bonheur enivrant, le ciel ouvert
dans un regard, un sourire? qu'est devenu le
bel âge de la vie? qui est jeune maintenant? Au
berceau, déjà l'homme méprise la femme, brave
son pouvoir, la regarde comme jouet et comme
victime ; au berceau, déjà l'homme se rit des
joies d'amour, du sourire candide de la jeune
fille, des beaux rêves de la vie. Sec, aride, il
calcule, il convoite ; cupide, égoïste, la sagesse
pour lui, c'est l'or, poursuivre l'or, amasser
l'or. Comment l'amour pourrait-il éclore dans
des âmes pétrifiées à leur naissance, qui ont
cessé de croire avant d'avoir cru, qui ont nié
l'amour et son feu divin avant de l'avoir connu?
Ils n'ont cependant pu se soustraire entièrement à son influence, mais ils ont matérialisé
l'amour, ils ont perverti la nature angélique de
la femme ; ils en ont forgé un être soumis à

leurs caprices, à leurs volontés, une sorte d'a-
nimal domestique façonné à leurs plaisirs, à
leurs besoins. Ils ont scindé la femme en deux
classes : à l'une privilégiée, le mariage, les
soins du ménage, l'amour maternel; à l'autre,
le triste rôle de filles séduites, de femmes entretenues, de malheureuses réduites au dernier
degré de la misère et de l'opprobre. Partout
l'oppression, nulle part la liberté. C'est l'homme
qui règne dans le désert social où tous les sentiments généreux restent stériles, où toutes les
passions vraies sont étouffées.

Que devient la femme dans cette société aride,
elle dont la mission est de la vivifier par les sentiments nobles, les croyances chaleureuses? La
femme, solidaire des iniquités du siècle, car,
en même temps que corrompue, elle est instrument de corruption, la femme souffre en
proportion de ce qu'elle conserve de bon, de
noble et de généreux ; la femme, privée de son
empire réel, arrachée à sa mission divine,
renferme en son âme tous les maux et toutes
les douleurs de l'humanité.

Au moyen âge, les femmes, victimes des
institutions sociales et des volontés arbitraires

des parents , étaient opprimées , tyrannisées ;
on les jetait dans des cloîtres , on les conduisait
victimes éplorées aux autels ; un époux jaloux
et barbare les séquestrait , les punissait. Mais
quoi ! l'amour n'avait pas perdu son empire ,
elles aimaient , elles étaient aimées ; la religion
s'unissait dans leur cœur à la passion ; elles com-
prenaient le dévouement et le sacrifice. La
femme trônait par l'amour ; c'était l'époque
des illusions , des croyances ; toute la société ,
hommes , femmes , enfants , vieillards , s'émou-
vait à une parole , se précipitait à un signe ,
que ce fût Pierre l'Hermite ou Jeanne d'Arc
qui s'inspirassent. La société souffrait , la femme
souffrait ; mais qu'étaient ces douleurs , com-
pensées par l'amour et par la foi , au prix du
vide , de l'ennui , du froid mortel qui aujour-
d'hui se sont emparés de toutes les âmes pour
les flétrir , les désoler , et faire du suicide la
maladie et le fléau de l'époque ?

Si jamais la faculté de croire et d'aimer , la
puissance du dévouement pouvait périr dans la
femme, la société deviendrait comme un cadavre
galvanisé , dont les mouvements forcés et con-
vulsifs attesteraient seuls un semblant de vie.

Mais, nonobstant l'aridité des doctrines et la
sécheresse de cœur qui forment le mal domi-
nant, les femmes restent aimantes et dévouées,
même sans objet, même sans trouver à qui
donner leur amour, à qui porter leur dévouement. Leurs illusions sont longtemps avant de
se flétrir ; elles les conservent pour les voir
lentement effeuillées, et ne sentir que peu
à peu la langueur de l'âme, la mort aux espé-
rances.

Le système d'éducation qui régit les femmes
est totalement opposé à celui qui régit les hommes. A ceux-ci la désillusion, le scepticisme,
le positivisme. Aux femmes, l'innocence, la
pudeur sainte, la modestie ingénue, les rêves
dorés, l'amour tout autour d'elles, décevant,
mensonger, séducteur. Dès l'enfance, tout leur
parle d'amour, conversations, livres, théâtres,
société recouverte du masque trompeur de la
galanterie, leurs propres illusions, des émo-
tions inconnues, des soupirs, des larmes invo-
lontaires. Qui donc les comprendra ? Pauvres
jeunes filles, candides et passionnées, elles ne
savent point que leur sexe entier est flétri et
foulé aux pieds dans les malheureuses filles du

peuple , que l'amour idéal , comme elles le sentent , comme elles le rêvent , n'est qu'une illusion décevante, et que leur vie ne peut être qu'une suite de mécomptes et de douleurs.

Bientôt toutes ces illusions fraîches sont ternies pour faire place à la réalité; bientôt toutes ces pauvres femmes doivent aussi pactiser avec le siècle , et faire entrer le calcul en ligne de compte de leur destinée. Déjà l'amour naïf a subi une première transformation dans leur ame ; l'amour, c'est le mariage. L'amour dans le mariage, voilà le second rêve des femmes. Remplies du sentiment de leur dignité, entourées d'une belle auréole de jeunesse, de pureté et de grâces, elles attendent les hommages auxquels elles ont droit, elles attendent de choisir, d'aimer pour être choisies, pour être aimées. Mais un pas de plus dans la réalité des choses, et le monde se déroule à leurs yeux avec ses nombreuses contradictions.

On assigne avec raison la pudeur et la modestie à la femme. N'est-il point dans l'ordre des choses que l'homme aspire à son amour, et que la femme l'accorde comme un bien long-

temps desiré ? N'est-ce point ainsi que , conservant sa dignité , son indépendance , elle peut
exercer une influence salutaire et pousser
l'homme aux belles actions? Si , au contraire ,
la femme est humiliée, abaissée , si sa position
forme un contre-sens avec les qualités spéciales
à son sexe , comment veut-on qu'elle ne perde
pas son influence, qu'elle ne se dégrade et ne se
dénature? Eh bien! comment la femme con-
servera-t-elle un sentiment de modestie et de
juste fierté , quand elle possède à un degré plus
éminent que l'homme la faculté , le besoin
d'aimer ; quand le mariage est pour elle une
nécessité rigoureuse , la seule position sociale ,
le seul but qui soit posé à sa destinée; quand,
au lieu de choisir, elle doit s'estimer heureuse
d'être choisie ; quand la modicité ou la priva -
tion d'une dot est pour elle comme un vice qui
la fait dédaigner ; quand elle doit se plier à être
l'objet de froids calculs; quand, mettant à sa
nature toute de sacrifices et d'abnégation , elle-
même calcule et se fait un devoir d'étouffer l'inclination , le penchant ? Comment veut-on que
la femme ne se dégrade et ne se dénature,
quand l'éducation et les mœurs forment autour

d'elle un perpétuel mensonge ; quand elle ne sait plus que penser ni que croire, et qu'à mesure qu'elle avance dans la vie, elle doit jeter, comme un vieux vêtement, les belles illusions, les croyances saintes, les doux sentiments ; quand elle doit se faire un masque de contrainte, de dissimulation, d'hypocrisie ; quand elle est entraînée à de tristes rivalités, de méprisables intrigues ; quand la corruption l'enlace de toutes parts et que la société va toujours lui rapetissant les facultés et lui resserrant le cœur, avec son égoïsme hideux, ses vices immondes et son matérialisme dégoûtant ?

La civilisation ou régime des ménages morcelés n'offre point de remède aux maux de la condition des femmes, n'offre point d'issue à la triste et révoltante abjection des filles du peuple. Vainement la législation, la morale, l'éducation, s'uniraient pour réformer les mœurs, tarir la source de corruption, régénérer la femme, resserrer les liens de famille, tous les efforts échoueraient dans la société comme elle est constituée. Effacer la corruption, c'est effacer la misère, c'est donner une éducation unitaire, c'est donner le libre développement aux facultés et assurer l'indépendance par le travail. La question n'est point de savoir s'il convient ou non de donner aux femmes des droits politiques, et de les mettre sur un pied d'égalité avec les hommes pour l'admission aux emplois ; dans l'état actuel, ce ne serait qu'une nouvelle source de désordres ; le mal ne consiste pas plus pour les femmes que pour le peuple proprement dit, dans l'inégalité des droits ; il consiste, avant tout, dans la misère ; et, pour rendre les femmes et le peuple aptes à remplir les droits politiques, c'est la misère, avant tout, qu'il faut effacer. Dira-t-on que, dans l'état actuel, toute carrière industrielle, artistique et scientifique est ouverte aux femmes, et que déjà un grand nombre d'entre elles se créent des moyens d'existence par leur travail ? c'est vrai ; mais, néanmoins, les difficultés d'une profession restent immenses pour les femmes, d'abord par l'éducation, qui généralement ne les y prépare point, ensuite par la concurrence, qui fait obstruer toutes les carrières sociales. D'ailleurs, comment les femmes, absorbées par les détails du ménage, les fatigues et les soins de la maternité, pourraient-elles s'adonner à un travail régulier? C'est en ce sens que l'indépendance de la femme ne peut se concilier avec le morcellement des ménages, et que même le droit au travail ne saurait la lui assurer. Que peut faire et devenir une malheureuse femme quand elle a un mari joueur, ivrogne, brutal, débauché? que peut-elle devenir si elle a des enfants et point de fortune? Lors même que la loi lui permettrait le divorce, est-elle à même d'en profiter? ne doit-elle pas tout endurer, tout souffrir, dans l'intérêt de ses enfants? Dans l'état actuel, nul remède ne peut être apporté aux maux et à l'oppression de la femme.

Le système de Fourier, en introduisant insensiblement, sans secousse, sans froisser ni heurter aucun intérêt, une société dans la société, résout toutes les difficultés de la position des femmes; sans modifier la législation ni proclamer des droits nouveaux, il les régénère, tarit les sources de corruption, réforme à la fois l'éducation et les mœurs par un seul fait qui découle naturellement de l'ensemble de son système : *l'éducation unitaire et l'indépendance de la femme assurée par le droit au travail ;* indépendance rendue possible en harmonie par l'association des ménages , le travail attrayant et la multiplication des richesses.

CHAPITRE XV.

Réalisation du système de Fourier.

Qu'un phalanstère soit fondé, dit Fourier, que le monde aît le spectacle d'une société en pleine harmonie, et cet exemple exercera une telle puissance, que partout on l'imitera spontanément; en peu d'aunées, la terre se couvrira de phalanges, et l'humanité sera conquise à l'unité.

Durant toute sa vie, Fourier attendit un candidat parmi les hommes riches et puissants, parmi les rois mêmes qui eussent pu être flattés, par une expérience éclatante du système

sociétaire, de se mettre à la tête d'un mouvement social qui doit fixer les destinées flottantes
de l'humanité.

L'attente de Fourier fut-elle entièrement
chimérique ? Vers la fin du siècle dernier, le
roi de Naples, Ferdinand, donna à Filangieri
un bourg pour y faire l'essai de ses théories
sociales. De nos jours, Owen trouva dans le
gouvernement anglais une sorte de protection,
et une puissante sympathie parmi ses compatriotes. Fourier n'a pas été aussi heureux ; de
son vivant, il n'a trouvé ni candidat, ni appui
parmi les riches et les puissants, ni sympathie
parmi ses compatriotes.

A défaut d'un candidat millionnaire, Fourier
pensait qu'une société de riches actionnaires
pourrait fonder l'harmonie ; mais précisément,
pour former une société de ce genre, il faudrait
que quelque personnage marquant y attachât
son nom, en prît la direction : c'est toujours
rester dans l'attente d'un candidat riche et
puissant.

Les temps peuvent l'amener ; la publicité toujours grande du système d'association en donne
l'espoir ; toutefois ce n'est qu'un espoir ha-

sardé sur lequel ne peuvent se reposer les partisans de Fourier, ambitieux d'une prompte réalisation.

Le système de Fourier concilie tous les intérêts, ne lèse aucun individu, aucun parti, aucune puissance : royauté, religion, rang, fortune, il respecte tout, il satisfait à tout ; pour mieux dire, il procure à tous les états sociaux des avantages supérieurs à ceux dont ils jouissent actuellement, par le seul fait de l'augmentation infinie de la richesse, en mode proportionné pour tous. Toutefois, comme, pour le moment, les riches et les puissants de ce monde sont plus satisfaits de leur sort que les infimes, ils sont infiniment moins curieux d'innovations. Aussi est-ce la grande difficulté à résoudre pour toute réforme sociale : les misérables sont, par avance, convertis aux changements ; ils sont avides d'innovations ; mais ce n'est pas eux qu'il est besoin de convertir, ce sont les riches et les puissants, qui seuls possèdent les moyens d'effectuer les réformes.

Heureusement qu'il est nombre d'esprits élevés, d'âmes généreuses qui, sans être au nombre de ces heureux millionnaires qui pour-

raient instantanément changer la face du globe
par l'application du système sociétaire, possèdent néanmoins à divers degrés les moyens
d'effectuer le bien dont ils sont ardemment dé-
sireux.

A ceux-là la double tâche de propager la
doctrine de Fourier, de faire chaque jour, dans
tous les rangs de la société, de nouveaux prosélytes, et de rechercher l'application la plus
immédiate du système d'association.

Pour fonder un phalanstère d'harmonie
simple ou composée, la première difficulté
consiste en la forte avance nécessaire à un semblable établissement ; la seconde serait, en
supposant le phalanstère construit, d'y attirer
de prime abord des riches, des personnes qui
ont une position sociale toute faite, et de les
engager à y demeurer et à participer aux travaux de la phalange, comme l'exige le système
gradué d'harmonie. C'est toujours le même
obstacle : obtenir d'une manière quelconque la
coopération des riches; en obtenir soit un placement de capitaux, soit un changement à leur
manière de vivre, un sacrifice de leurs habi-
tudes. Au contraire, on l'obtiendrait aisément

de la classe moyenne, des personnes forcées au travail, et qui n'ont qu'une position précaire et difficile ; on l'obtiendrait surtout de la classe pauvre, celle à qui le *minimum* assuré et le travail paraîtraient le plus grand bienfait.

Ce sont les difficultés principales qui ont retardé jusqu'à ce jour la réalisation du système ; toutefois elles s'aplaniront à mesure que la doctrine sociétaire sera plus répandue et mieux comprise, et que les riches comprendront les avantages immenses qu'elle leur offre, ainsi qu'à toutes les autres classes. Dès aujourd'hui, tout capitaliste serait charmé de placer ses fonds à huit pour cent sur hypothèque, ainsi que le peut offrir une association agricole, domestique et manufacturière sur les bases données par Fourier. Il faut bien, dans l'état actuel, qu'on se contente de quatre et demi pour cent. Une fois l'association organisée, riches et pauvres seraient également séduits par l'appât du ménage sociétaire, de l'éducation commune pour les enfants, des travaux variés, des divertissements de tout genre, des économies et des bénéfices, en un mot de l'accroissement de fortune et de jouissances qu'assure le mode sociétaire.

Mais il faut un commencement, il faut un essai, une démonstration. La première fondation phalanstérienne organisée fera l'effet d'une commotion électrique, gagnant de proche en proche, transformant comme par enchantement le globe entier. Mais comment effectuer cette première fondation? comment y intéresser de prime abord toutes les classes? comment réaliser le système dans toutes ses parties simultanément? c'est la grande question, c'est le problème difficile à résoudre.

Selon moi, en conservant l'espoir d'un candidat riche et puissant qui veuille réaliser le système d'harmonie sur une grande échelle, il sera sage aux partisans actuels de Fourier de chercher l'application immédiate de ses idées sur l'échelle la plus simple, la plus minime, d'en rechercher l'application sous toutes les formes, dans le but principal de les propager, les rendre palpables, accessibles à tous les esprits, d'en faire souhaiter à tous une complète réalisation. Il faut d'abord rendre le système d'association populaire, et, à cet effet, le faire descendre des hauteurs abstraites dans le domaine des réalités; il faut, en un mot, tellement le vulgariser, l'incarner dans l'esprit public, qu'il gagne des masses aux sommités sociales, et devienne un fait accompli par l'irrésistible influence de l'opinion générale et de l'entraînement des choses.

§ Ier. — Garantisme.

Fourier, comprenant lui-même l'immense difficulté d'une réalisation complète, indique comme moyens de transitions, soit l'harmonie simple, ou association d'environ quatre-vingts familles ou quatre cents villageois, soit le *garantisme*, terme moyen entre la civilisation et l'état sociétaire.

Par *garantisme*, il entend toute *solidarité* d'*intérêts* entre diverses industries, diverses classes sociales, toute *garantie* accordée dans l'état actuel, qui ne soit pas fictive, mais réelle, qui ne comprenne pas seulement une classe privilégiée, mais les masses.

Par exemple, la garantie d'admission aux emplois pour tous les citoyens, bien qu'elle ait été un progrès en détruisant beaucoup d'obstacles et beaucoup de préjugés, n'est qu'une garantie illusoire pour la masse, puisqu'elle sup-

pose l'éducation, sans compter la protection et
la faveur. L'égalité devant la loi, la première
des garanties sociales, *politiquement*, est illusoire
pour les masses, puisque le droit d'élection
exige un certain degré de fortune. Devant les
tribunaux, elle est également illusoire, puisque, pour entamer un procès, il faut être capable de le payer. Le droit d'association industrielle n'est encore qu'à l'avantage des riches,
puisqu'il suppose des capitaux. Qu'on examine
de la sorte tous les droits et toutes les garanties
sociales qui existent, et, bien que, dans la
constitution, elles n'excluent aucune classe, on
se convaincra que, de fait, elles ne sont droit
et garantie que pour ceux qui possèdent, et que
la première des garanties, sans laquelle toutes
les autres sont illusoires, c'est l'*éducation*, le
minimum ou *le droit au travail* accordé à tous,
hommes, femmes, enfants ; or on ne peut les accorder sans entrer en garantisme et en association.

Il est sensible que la société actuelle marche
au garantisme. Toute société d'assurance offre
des garanties ; toute société d'assurance mutuelle établit la solidarité entre ceux qu'elle assure mutuellement. Des associations se forment

de tous genres qui tendent au garantisme ou
solidarité d'intérêts entre des fortunes diverses,
des classes diverses. Les artistes s'associent et
s'assurent mutuellement ; *les industriels s'associent*, cherchant des garanties contre les vicissitudes commerciales ; des tentatives sont faites
par des chefs de fabrique pour rendre les ouvriers associés et non plus salariés. Toute l'industrie se transforme insensiblement par le
mécanisme, à peu près nouveau, des compagnies actionnaires qui font le bien et le mal, *et
peuvent avoir dans un avenir prochain une immense influence sur l'état des sociétés.* Elles peuvent devenir le moyen le plus sûr et le plus
prompt d'un plein garantisme, ou bien l'instrument d'un nouveau servage, pire que la féodalité.

§ II. — Compagnies actionnaires.

Les sociétés actionnaires actuellement font
un bien en activant l'industrie, en donnant
carrière à l'esprit d'entreprise et associant des
fortunes de tous les degrés. D'un autre côté,
elles sont plus nuisibles qu'utiles en alimentant
l'usure et l'agiotage ; en menaçant de concen-

trer et monopoliser l'industrie entre les mains
des grands capitalistes ; de telle sorte que la
petite industrie se trouverait totalement écrasée,
et que les ouvriers dont le salaire dépendrait
uniquement du bon plaisir des grandes compagnies se trouveraient réduits de fait à l'esclavage.
Remarquons que l'effet de la concurrence des
grandes compagnies, les unes vis-à-vis des autres, est de leur faire toujours baisser le prix
des produits, et, en même temps, par une rigoureuse conséquence, le salaire des ouvriers :
de sorte que ceux-ci se trouvent de plus en plus
misérables, en proportion du bas prix et de l'a-
bondance des produits.

C'est le cercle vicieux où tourne l'industrie
dans l'état actuel. Partout nous avons le phénomène monstrueux de populations ouvrières,
d'autant plus misérables que l'industrie et le
commerce sont plus actifs, plus florissants. La
cause en est simple, puisque chaque découverte,
en enrichissant quelques capitalistes, met des
masses d'ouvriers sur le pavé ; puisque la concurrence, en baissant le prix des produits, baisse
le salaire, et va toujours diminuant les ressources chétives des travailleurs. Le mal, déjà

extrême dans l'organisation actuelle de l'industrie, ne peut que s'accroître. Si les principes d'association, selon Fourier, ne viennent y porter remède, l'on verra les forts capitalistes, les puissantes compagnies se *coaliser*, s'entendre entre elles pour accaparer, monopoliser l'industrie, en cessant de se ruiner par la concurrence, et, tout en faisant d'énormes bénéfices, nourrir l'ouvrier comme on nourrit l'esclave; ce qui ramènerait la société à un état de barbarie, à une féodalité industrielle pire que la féodalité nobiliaire; et en même temps, on verrait les travailleurs, las de souffrir et d'être opprimés, se *coaliser* pour renouveler les scènes de désordres dont la France et l'Angleterre ont déjà été témoins.

C'est ce qui constitue la différence de la *coalition* et de *l'association*. La première, c'est la guerre enfantant d'une manière ou d'une autre des maux plus grands que ceux qu'elle prétend détruire. De *l'association* naît l'harmonie ou conciliation de tous les intérêts.

Les principes d'association, selon Fourier, appliqués au mécanisme des compagnies actionnaires, pourraient obvier à la fois à l'état précaire où le salaire tient l'ouvrier, et à l'état précaire où la concurrence tient le capitaliste; c'est-à-dire qu'ils ont vertu de tuer simultanément le salaire et la concurrence. Ce serait entrer en plein garantisme et préparer la réalisation complète de l'état sociétaire.

Aujourd'hui toutes les compagnies sont détachées l'une de l'autre et s'écrasent réciproquement, en même temps que les ouvriers uniquement salariés n'ont entre eux, ni avec les chefs industriels, ni avec les capitalistes, aucun lien d'association. Il y a tout au plus une sorte d'association entre les actionnaires, les capitalistes à divers degrés ; mais ce n'est là qu'un faible lien s'il n'est resserré par un lien nouveau et plus puissant entre le *travail*, le *capital* et le *talent*.

L'application des principes d'*association*, selon Fourier, |aux compagnies actionnaires consisterait donc : 1º dans l'association, comme je viens de l'indiquer, du *travail*, du *capital* et du *talent*, c'est-à-dire des ouvriers, des maîtres et des capitalistes ; 2º dans l'association de diverses compagnies, toutes organisées sur les mêmes bases et qui auraient principalement

pour objet la fabrication et la vente d'objets de
nécessité. Du moins, dans les commencements,
ce serait le plus sûr moyen d'obtenir les résultats
prodigieux qui doivent découler de toute véritable association.

Qu'on suppose donc une compagnie de bou-
langerie, une autre de boucherie, une troisième
d'épiceries, une quatrième pour la fabrication
des habits, une cinquième pour la fabrication
des souliers, etc. ; qu'on suppose des compagnies achetant les matières brutes en gros de
première main, se passant de négociants ou intermédiaires soit pour l'achat, soit pour la
vente qu'elles effectuent par un petit nombre
d'agents, et pouvant, par conséquent, fournir
les objets fabriqués à très-bas prix ; supposons
que les actionnaires et les ouvriers mêmes qui
ne sont pas *salariés*, mais *actionnaires associés*,
aient double intérêt à se fournir aux agents des
compagnies, d'abord par l'appât du bon marché et ensuite pour faire hausser les actions, en
augmentant le nombre des consommateurs ou
acheteurs ; qu'on suppose enfin la solidarité
des intérêts, non-seulement entre les ouvriers,
les maîtres et les capitalistes de chaque compa-

gnie, mais encore entre les compagnies mêmes,
ce qui les porterait toutes à s'alimenter des produits les unes des autres, et permettrait que
chacune d'elles, menacée de quelque revers
commercial, fût secourue par toutes ; qu'on se
figure encore leurs ressources doublées par l'émis-
sion d'actions représentant la valeur de tout ce
qu'elles possèdent en immeubles, selon le système indiqué par Fourier, de la mobilisation
du capital ; que l'on se figure, dis-je, cette nouvelle organisation de l'industrie, où entreraient
spontanément six, huit ou dix compagnies actionnaires, dans le but de faire une chose utile,
et, en même temps, de réaliser de grands bénéfices, et l'on apercevra sur-le-champ les deux
conséquences suivantes :

La première est que, par ce nouveau mécanisme de l'industrie, on entre en plein garantisme. Effectivement, en établissant la solidarité d'intérêts entre les membres de chaque compagnie et les compagnies elles-mêmes, on assure le *minimum* à tous les ouvriers qui en
font partie et les moyens d'éducation pour leurs
enfants. On substitue un système de commerce
véridique au système de commerce mensonger

qui est en pratique. On déjoue toutes les manœuvres de la fraude, de l'usure, du monopole, de l'agiotage. En un mot, un certain nombre de compagnies constituées de la sorte, ne renfermant en leur sein aucun oisif, aucune inutilité, offrirait la pleine transition que Fourier appelle garantisme, et posséderait tous les éléments de l'état sociétaire qui s'effectuerait bientôt au complet par l'association des ménages entre les travailleurs groupés autour d'une même industrie. Il ne resterait, pour entrer en pleine harmonie, qu'à varier les travaux et les rendre attrayants, en alternant le travail des manufactures par le travail agricole, et établissant une telle division dans les travaux, que chaque travailleur pût embrasser diverses branches ; ce qui lui permettait, en alternant ses occupations, de s'y adonner passionnément, avec ardeur et enthousiasme.

La seconde conséquence serait que la solidarité d'intérêts entre les ouvriers, les maîtres et les actionnaires de chaque compagnie, et cette même solidarité, étendue à huit ou dix compagnies, procurerait de tels bénéfices et de si grands avantages à tous ceux qui feraient partie de cette nouvelle organisation de l'industrie, que toutes les autres sociétés actionnaires seraient forcées de s'organiser sur les mêmes bases et que toute l'industrie devrait, sous peine d'être écrasée, se constituer de la sorte. C'est ainsi que, par une première impulsion sans secousses, sans contrainte, la société se trouverait transformée, en plein garantisme, et renfermant en son sein tous les éléments de l'état sociétaire ou harmonien.

Telle est la direction que peuvent prendre actuellement les sociétés actionnaires qui font encore aujourd'hui appel aux fortunes de tous les degrés et méritent par là, jusqu'à certain point, le nom d'association. Mais, au contraire, si loin d'étendre l'esprit d'association et le système de solidarité, en donnant intérêt aux ouvriers, les rendant associés et les récompensant proportionnellement au bénéfice total; si, au lieu d'entrer dans cette voie, les sociétés actionnaires tendent de plus en plus à se concentrer dans les mains des forts capitalistes, à encourager le monopole, la fraude, l'agiotage, à pressurer et exploiter la classe ouvrière, à diminuer son salaire à mesure qu'elles baissent le prix des produits pour accroître leurs bénéfices aux dépens des salariés, et enfin à rétribuer largement des agents inutiles et improductifs, il arrivera que peu à peu toute l'industrie et tout le commerce, en même temps que les forts capitaux, seront aux mains d'une classe privilégiée qui se trouvera à même d'exercer un entier monopole, d'écraser toute la petite industrie, et d'asservir et exploiter à son bon plaisir la classe ouvrière, qui, dans ce cas, sera réduite à se vendre corps et âme pour le pain quotidien, état pire que l'état de servage et d'esclavage.

Telle est la direction bonne ou mauvaise que peuvent adopter les sociétés actionnaires. En monopolisant l'industrie au bénéfice des grands capitalistes, elles font rétrograder la société dans la phase de barbarie. En associant la classe ouvrière et établissant le commerce véridique par l'association des compagnies industrielles, la société se transforme comme par enchantement ; elle passe rapidement de la civilisation au plein garantisme, et du plein garantisme à l'état sociétaire ou harmonie qui base l'unité du genre humain.

C'est surtout la propagation des idées de

Fourier qui peut amener cet heureux changement en éclairant tout capitaliste, tout banquier, tout industriel, toute association déjà
formée ou à la veille de se constituer, sur ce qui
est à la fois de leur intérêt et de l'intérêt de la
société entière.

. Le monde actuel est dominé de fait par la
cupidité et l'égoïsme ; mais c'est un résultat des
circonstances. Chacun est forcé de penser à soi
et ne voit que duperie dans le dévouement à
la chose publique, puisqu'elle n'existe pas, que
tous les intérêts sont divergents et qu'on ne peut
guère faire un bien sans opérer un mal. Toutefois, la générosité, le dévouement, l'enthousiasme du bien et du beau, l'amour de la patrie
et de l'humanité, ne sont point pour cela morts
au cœur de l'homme, seulement ils sommeillent
faute d'objets sur lesquels on puisse les exercer.
Mais que le but positif d'une action ou d'une
entreprise vraiment utile s'offre aux hommes,
on les verra, secouant leur égoïsme et leur tiédeur, y concourir avec empressement.

D'ailleurs on aurait tort d'exiger des hommes
plus que Dieu même n'en exige, plus que leur
nature ne permet ; car le christianisme même,

religion toute d'abnégation, ne dégage jamais
entièrement l'homme de son intérêt personnel ;
s'il lui demande de bonnes œuvres sur cette
terre, il lui promet le ciel en récompense. Si
donc on veut engager les hommes à des sacrifices de leur temps, de leur fortune, si on demande leur coopération à des entreprises utiles,
il est juste qu'on leur promette en récompense
les biens de cette terre, autrement dit leur part
aux bénéfices qu'elles doivent rapporter. C'est
ce qui constitue la différence entre les entreprises utiles et les œuvres philanthropiques. Ces
dernières, de pure bienfaisance, secourent des
maux partiels et sont onéreuses à ceux qui les
accomplissent : au contraire, toute entreprise
ayant un but d'utilité générale est certainement
lucrative ; c'est même une pierre de touche certaine pour la bonté de toute entreprise que
d'évaluer son degré d'utilité sur le degré des
bénéfices qu'elle rapporte. Il serait donc absurde de demander l'initiative ou la coopération
de qui que ce soit à une entreprise prétenduement utile, si l'on ne démontre en même temps
les bénéfices qu'on en peut tirer ; car, s'il n'y a
pas de bénéfices, on a raison d'en suspecter

l'utilité ; s'il y a des bénéfices, ils appartiennent de droit à tous ceux qui s'y associent pour leur part de travail, de capital, de talent. Fourier ne cesse de répéter, en faisant appel pour la réalisation de son système, que l'état sociétaire, appliqué aux travaux agricoles et domestiques, triple subitement le revenu général. C'est par des chiffres qu'il faut parler aux hommes, c'est par leur intérêt qu'il faut les prendre, et on ne peut leur en faire un reproche ; car, du moment qu'on leur parle non pas de *charité*, mais d'*utilité*, ils ont raison de demander, comme preuve de cette utilité, la démonstration des avantages *particuliers* et *généraux* de l'entreprise ou association à laquelle on leur demande de concourir.

Mais aussi, si l'on parvient à démontrer les avantages réunis de bénéfices certains et de prémices d'une magnifique réforme sociale, si l'on excite à la fois au cœur des hommes les sentiments puissants de l'intérêt, de l'ambition, de l'amour de la chose publique, du plaisir de faire le bien, de participer à une œuvre utile, on ne trouvera personne qui refuse sa coopération, qui ne soit prêt à donner assistance de son temps et de sa fortune.

Les idées de Fourier, comme toute vérité,
doivent triompher ; il n'appartient à personne
de les tuer ni par sarcasmes, ni par fausse interprétation. Il n'appartient non plus à personne
de s'en rendre maître exclusivement ; le système
d'association ne peut être envisagé comme une
religion, comme un dogme qui ait, en quelque
sorte, besoin d'interprètes sacrés qui le garan-
tissent du schisme et d'hérésie. Il est donné à
tout le monde d'en tenter la propagation et la
réalisation, chacun dans sa sphère. Loin que
des tentatives partielles puissent nuire à la doctrine phalanstérienne, elles servent à la propagande, à la discussion, à l'examen approfondi ;
elles vulgarisent le système, le font comprendre
et désirer de tous, et sont un sûr achemine-
ment à sa réalisation complète.

Il n'est pas une manière de réaliser Fourier,
il en est cent ; et il n'est pas un seul essai de
réalisation juste qui ne soit une démonstration
complète du système entier.

Le système d'*association* se compose de diverses parties qui se tiennent et s'enchaînent,
mais qui peuvent se réaliser d'une manière
partielle et se compléter successivement. Fou-

rier lui-même établit la différence entre la première réalisation, l'association *domestique agricole*, et la seconde réalisation, l'attraction industrielle, *les travaux par groupes et séries.*
L'une appelle invinciblement l'autre; mais la
première peut d'abord servir de base. Il vaudrait, sans doute, mieux créer d'un coup l'harmonie complète; mais c'est déjà beaucoup
d'agir selon les moyens que l'on possède, pour
arriver, en définitive, au même résultat.

§ III. — Fermes agricoles-industrielles.

On pourrait réduire aisément le système sociétaire aux simples bornes d'une ferme agricole-industrielle; ce serait peut-être l'essai le
plus aisé et le plus avantageux. Le plan, à vrai
dire, n'en serait autre que celui d'harmonie
simple, indiqué par Fourier, ou *association* des
ménages et des travaux d'environ quatre-vingts
familles ou quatre cents villageois. Il n'est pas
de propriétaire, de capitaliste, jouissant de
crédit et de bonne renommée, qui ne pourrait
effectuer une ferme de ce genre à son très-grand
avantage, et en produisant un bien immense.
Pour se procurer des fonds par le moyen d'ac-

tionnaires, il lui suffirait de démontrer les bénéfices d'une association agricole-industrielle et
de prendre la direction de l'entreprise. Quant
à l'exécution, elle est prompte et facile : elle
consiste à élever un bâtiment simple et commode, assez vaste pour loger environ quatre-
vingts familles et n'en former qu'un seul grand
ménage. Il faudrait, en même temps, acheter
ou louer à long terme les terrains avoisinants
en certaine étendue, ou, ce qui serait bien préférable, engager les propriétaires de ces terrains
à s'associer comme capitalistes internes. Ce que
chacun des capitalistes, soit externes, soit internes, apporte à l'association en terres, usten-
siles, bestiaux, bâtiments, argent, est échangé
contre des actions hypothéquées sur la masse
totale des immeubles. Chaque travailleur,
homme, femme, enfant, est rétribué d'après
son apport de *travail, talent, capital.* Des manufactures sont établies pour relayer des travaux
agricoles et occuper pendant l'hiver quand les
travaux de la campagne chôment. Les productions de la terre servent à la consommation
journalière des villageois ou phalanstériens (car

25

une ferme sur ce modèle serait une véritable phalange).

L'excédant des produits agricoles, ainsi que des produits manufacturiers, sert au commerce extérieur, et forme, tous frais déduits, le bénéfice net de la ferme. Tout marché étant toujours conclu au nom de l'association, les ventes et les achats ne se font qu'en gros, ce qui donne une grande épargne de temps; de plus, comme les achats se font de première main et sans intermédiaire, ils forment une très-grande économie pour les villageois associés qui rachètent en détail ce qu'ils ont eux-mêmes acheté en gros.

Ce plan est si simple, si aisé, les résultats en sont si magnifiques, que l'on doit s'étonner qu'on n'ait pas encore tenté de le réaliser. Tout le monde y trouve son avantage : les propriétaires voient leurs biens tripler de valeur en même temps que les revenus; les actionnaires externes retirent huit pour cent de leurs fonds garantis par hypothèque; les actionnaires ou associés internes, la plupart pauvres paysans qui possédaient un morceau de terre et ne pouvaient, dans le travail morcelé, procurer même le nécessaire à leur triste famille, dans le ménage sociétaire, vivent dans l'abondance, varient leurs travaux, n'épuisent pas leurs forces, voient leur fortune s'accroître, chaque année, par l'excédant de leur part des bénéfices sur leurs dépenses, ont leurs femmes dégagées des tracas d'enfants, qui participent aux travaux communs, et leurs jeunes enfants mêmes, parfaitement soignés, qui reçoivent l'instruction élémentaire et font apprentissage de huit ou dix métiers à la fois, en compensant déjà par leur travail les frais de leur entretien. Les villageois, qui n'apportent dans l'association que leur travail, jouissent de l'aisance, mènent une vie douce, et, dès la première année, ont quelques économies à placer qui leur donnent droit, pour l'année suivante, à un dividende du capital. Une ferme de ce genre, qui, dès la première année, triplerait le capital et le revenu des sociétaires, en assurant le sort à quatre-vingts ou cent familles, offrirait, de plus, deux immenses avantages :

D'abord de s'accroître et se perfectionner rapidement, de renfermer en elle-même tous les éléments d'*harmonie composée*, d'association sur une grande échelle comprenant environ quatre cents familles et distribuant le travail par groupes et séries, association qui se réaliserait promptement au moyen d'une ferme agricole-industrielle, ou réunion d'environ quatre-vingts familles en harmonie simple.

Le second avantage serait de pousser à l'imitation. Toutes les fermes-modèles échouent parce que les paysans routiniers n'ont pas le moyen de s'instruire, et encore moins la faculté de changer de méthodes. Mais qu'on démontre par l'exemple, par un essai, que le ménage sociétaire et l'association intégrale des travaux triplent le revenu et le capital, font trouver le plaisir dans le travail, procurent un bien-être immédiat et donnent aux enfants l'apprentissage gratuit de quinze ou vingt métiers, et tout petit propriétaire sera de suite converti et aspirera à faire partie d'une telle association. Les grands propriétaires ne tarderont pas à être convaincus eux-mêmes, et il suffira d'un premier essai pour que, dans toute la France (ou partout ailleurs), les grandes et petites propriétés s'associent dans une exploitation générale du sol, en même temps qu'elles formeront des ménages sociétaires de cent, deux cents ou quatre cents familles, ce qui transformerait, comme par enchantement, l'agriculture, bien plus malade encore que l'industrie, ou pour mieux dire, ruinée et empêchée dans tous ses progrès par les menées du commerce, par l'usure et l'agiotage. Et cependant qui ignore que l'agriculture est la première richesse d'un pays? son état est déplorable, surtout en France, et, par contre-coup, celui des malheureux paysans. Tous les esprits généreux recherchent les moyens d'améliorer l'agriculture. Jusqu'aujourd'hui, ils ont échoué; l'état des campagnes et le sort des paysans vont, en quelque sorte, de mal en pis. L'exploitation intégrale du sol par association et le ménage sociétaire peuvent seuls faire progresser l'agriculture, et, en même temps, améliorer le sort du paysan et accroître le revenu du propriétaire. Le morcellement de la propriété a été regardé, avec raison, comme un bienfait immense, en ce qu'il a détruit les derniers vestiges de la féodalité et du servage. Mais aujourd'hui le moment est venu où la propriété doit subir une nouvelle transformation par

25.

l'exploitation intégrale du sol, qui réunit à la fois l'avantage de *l'extrême division des fortunes* et d'une *large exploitation.*

Des sociétés actionnaires appuyées sur de riches capitalistes ou de puissants banquiers se forment chaque jour pour l'exploitation de quelque industrie. Combien il serait à désirer qu'il s'en formât quelqu'une pour une vaste exploitation du sol, où il y aurait à la fois des actionnaires internes et externes, et où les internes seraient réunis en ménage sociétaire et rétribués selon les principes d'association posés par Fourier ! Le capitaliste ou le banquier qui attacherait son nom à une semblable entreprise acquerrait la plus grande gloire qu'un homme de ce siècle puisse ambitionner : sans secousse, sans commotion, il réformerait la société entière ; l'indigence serait éteinte ; le revenu de la France serait subitement triplé ; la couronne pourrait percevoir le double d'impôts et anéantir la dette publique, sans qu'aucun murmurât ; car tous, jouissant d'un triple revenu, se trouveraient, même en payant le double d'impôt, proportionnellement plus riches que dans l'état actuel. Et en même temps que l'homme qui effectuerait ces grandes choses par sa fortune ou son crédit serait le bienfaiteur de son pays et de l'humanité, il ferait une opération extrêmement avantageuse , sans aucun risque de perte , au contraire , avec la certitude d'accroître indéfiniment sa fortune.

§ IV. — Abolition de l'esclavage en Pologne et en Russie.

L'importante question qui agite le nord-est de l'Europe et le sud des États-Unis , l'abolition de l'esclavage , peut être immédiatement résolue au profit des maîtres et au profit des esclaves , par l'application des principes d'association.

L'esclavage est la honte de l'humanité ; il est un reproche permanent pour les nations qui le souffrent et qui le tolèrent dans leur sein. Et cependant , jusqu'aujourd'hui , elles ont pu répondre : » Que faire de nos esclaves en les libérant , dans l'état d'abrutissement où ils sont réduits ? comment leur donner du pain , si nous ne les forçons au travail , tandis que les peuples mêmes qui n'ont point d'esclaves ne savent pas empêcher la misère des salariés, de la classe dite prolétaire?

Effectivement, jusqu'à ce jour, tous les plans proposés pour l'affranchissement des esclaves ont paru, avec justice, insuffisants. On est resté dans le doute si, par un affranchissement subit, on n'exposerait pas les maîtres à être ruinés et les esclaves à mourir de faim, d'un autre côté, l'on n'a pu trouver de moyens satisfaisants d'un affranchissement gradué.

Le système de Fourier aurait puissance non seulement d'abolir l'esclavage sans préjudice à qui que ce fût, mais encore de rendre ces mêmes pays, aujourd'hui en arrière de la civilisation, immédiatement plus prospères, plus florissants que les autres nations, et de les mettre en tête du mouvement social.

Dans le Nord, il ne faudrait que l'initiative d'un seigneur russe ou polonais pour entraîner par l'exemple et opérer ce grand changement. Pourquoi ne se trouverait-il point? Les esprits généreux ne manquent pas dans ce pays; la preuve en est dans le fait récent de la comtesse Boutourlin, en Russie, qui vient d'affranchir spontanément six mille esclaves en leur faisant don d'un terrain à cultiver. Ce fait est doublement remarquable , en ce qu'il prouve irrécusablement ce que tout le monde savait d'ailleurs, que le gouvernement russe n'est nullement partisan de l'esclavage et ne forme point obstacle à ce que les seigneurs affranchissent leurs esclaves.

La Pologne et la Russie (1) sont peut-être les pays du monde les plus capables de réaliser le système sociétaire , immédiatement et sur une grande échelle , précisément par leur organisation basée , jusqu'à ce jour , sur l'esclavage , et qui se trouverait merveilleusement adaptée au système sociétaire.

En Pologne et en Russie , chaque propriété , plus ou moins étendue , renferme des terrains couverts de diverses cultures , potagers , vergers , céréales , bois , une sorte de village composé de pauvres cabanes où logent les esclaves , diverses usines , une église et enfin un DWOR ou maison seigneuriale. On le voit, c'est à peu près

(*) Voyez *Histoire et Tableau de la Russie*, par M. Jean Czynski, remolie de choses neuves sur ce pays, et où la question de l'*esclavage en Russie* particulièrement est traitée à fond.

comme nos villages avec des jardins potagers
dans l'intérieur, des champs, des vergers, des
prairies aux alentours, quelques fabriques et
des châteaux couronnant les sites çà et là. Toutefois la différence est grande. Nos villageois travaillent péniblement, mais sont libres. Les
châteaux, les champs, les bois, les potagers,
les vergers, les fabriques ont des maîtres divers.
En Pologne et en Russie, chaque propriété n'a
qu'un seigneur, et les hommes qui l'habitent
font partie de la propriété, appartiennent au
seigneur comme les champs, les bois, les usines, les maisons. Les serfs ou esclaves, réduits
au sort le plus misérable, travaillent pour le
seigneur. Les produits de leurs travaux appartiennent entièrement au seigneur ; seulement on
laisse à chacun un petit coin de terre qu'ils cultivent dans leurs moments de loisir, et dont le
produit sert à leur subsistance et à celle de leur
famille. On peut penser ce que c'est que cette
culture morcelée ! Les produits en sont si ché-
tifs, que les malheureux meurent littéralement
de faim à côté des greniers du maître, regorgeant des produits de ses terres à lui, qui souvent moisissent faute de débouchés, ou bien

qu'il donne à vil prix ; car les denrées sont abondantes en ces pays, précisément parce que les trois quarts de la population y meurent de faim, en même temps que l'argent y est rare, puisque les propriétaires sont peu nombreux, et que, par une suite naturelle de cet état de choses, le commerce et l'industrie y languissent. Les malheureux esclaves sont tellement abrutis par la misère et la routine d'un travail toujours le même, qu'ils se rapprochent plus de la bête que de l'homme.

Pour quiconque connaît le système de Fourier, est-il nécessaire, cet état de choses donné, d'indiquer les immenses améliorations que chaque propriétaire pourrait introduire dans l'administration de ses biens par le principe d'association, en même temps qu'il pourrait, sans danger, affranchir ses esclaves ? Quoi de plus aisé, pour un esprit élevé et charitable, que d'*associer* tous ces malheureux comme une grande famille, de mettre en commun leurs coins de terre morcelés, ou bien, ce qui serait infiniment préférable, les réunir aux terres mêmes du seigneur, et associer les travailleurs, autrement dit, les payer chacun selon son *tra-*

vail et sa *capacité*, en attendant qu'ils puissent apporter, dans la mise commune, le fruit de leurs économies, comme part de *capital*? Quoi de plus aisé que d'associer les travaux agricoles et manufacturiers, et de les diviser et varier de sorte que chacun se trouve expert dans diverses branches de culture et d'industrie, gagne en intelligence et fasse dix fois plus de travail par le double attrait de l'association et de la variété des travaux? Quoi de plus aisé que de réunir les travailleurs en un vaste ménage, et de confier les soins de cuisine, de blanchissage et de propreté intérieure à un petit nombre de femmes, tandis que d'autres aideraient aux travaux agricoles et industriels; et enfin d'établir des écoles pour la première enfance, qui déchargeraient la majorité des mères des soins de surveillance? Combien même il serait aisé au seigneur de faire bâtir peu à peu une habitation commune, commode, propre et aérée, qui remplaçât les chétives et dégoûtantes habitations du village, où souvent les paysans logent pêle-mêle avec vaches et cochons. Les domaines du seigneur lui fournissent la plus grande partie des matériaux, et la main-d'œuvre ne lui est pas coûteuse, car il emploie à élever cette sorte de phalanstère ceux-mêmes qui doivent l'habiter. Peut-on douter que le seigneur qui prendrait l'initiative d'une semblable réforme, en assurant la liberté et le bien-être à une foule de malheureux, ne triplât, en même temps, son revenu et la valeur de ses propriétés, par une gestion unitaire et l'excitation au travail donnée aux travailleurs affranchis? Peut-on douter, non plus, que cet exemple ne serait immédiatement suivi dans toute la Pologne et la Russie, et avec d'autres conditions au sud des États-Unis?

N'oublions pas d'ajouter qu'un des principaux avantages de la Russie et de la Pologne, pour la réalisation de l'état sociétaire, consiste dans le bas prix des terres, des bestiaux, des engrais, et la quantité de terrains incultes qu'on y peut acquérir à bas prix.

Sous ce rapport, ces deux contrées offrent plus d'avantages à la réalisation qu'aucune autre de l'Europe.

§ V. — Angleterre, France, Belgique.

L'association serait un immense bienfait pour

l'Angleterre; ce système peut seul résoudre les difficultés sociales, chaque jour grandissantes, qu'elle renferme en son sein. L'Angleterre, plus qu'aucun pays civilisé, offre le contraste de la misère et de la richesse, de produits surabondants et de toutes les privations. L'aristocratie écrase de son luxe les populations'affamées; les fabriques regorgent de produits, tandis que la classe ouvrière manque des premières nécessités de la vie. Diminuer le salaire et mettre les ouvriers sur le pavé sont les seuls remèdes qu'apportent les fabricants à leurs propres embarras. De là une misère affreuse·, et la taxe croissante des pauvres, ancienne plaie qui aujourd'hui s'étend rapidement et menace de dévorer tout le corps social. Les campagnes, les villages, offrent le même spectacle de désolation et de misère pour le cultivateur laborieux, qui, asservi aux dîmes et à des charges énormes, ne peut subvenir aux besoins de sa famille, et se voit constamment à la veille de sa ruine. L'Angleterre, au premier rang des nations, pour les lumières, la richesse et le développement miraculeux de son industrie, l'Angleterre, commerçant avec le monde, pesant de tout son poids sur les Indes, dévorant, suçant dans son sein la malheureuse Irlande, l'Angleterre succombe sous le poids de la dette nationale, elle menace constamment d'une honteuse banqueroute, elle se transforme en un vaste dépôt de mendicité, elle est à la veille d'être déchirée par ses propres enfants qui crient la faim et dont elle ne sait, par aucun moyen, satisfaire les besoins. Tous ses hommes d'État, tous ses citoyens, le peuple même, les ouvriers, les cultivateurs, contemplent avec effroi cet ordre de choses, et recherchent et appliquent des remèdes tous insuffisants, lorsqu'ils ne sont pernicieux. Le système d'association de Fourier peut seul arrêter les progrès du mal, par une transformation pacifique de ce qui existe, sans rien ôter à ceux qui possèdent; répandre la richesse sociale sur tous, en même temps qu'elle procurerait au gouvernement les moyens de se libérer de sa dette.

L'Angleterre est la nation la plus capable de comprendre et de réaliser immédiatement les principes de Fourier; elle sent toute la gravité de son état social, et ne dédaigne pas légèrement les idées nouvelles qui lui sont offertes elle les examine et les applique. L'attention sérieuse et la faveur dont elle a entouré les essais d'Owen prouvent combien elle est est portée vers toute tentative d'amélioration radicale. Mais heureusement les essais d'Owen ne portaient que sur la communauté à laquelle la nature de l'homme répugne, et non point sur l'*association*, notre véritable destinée ici-bas.

Si la doctrine de Fourier était répandue en Angleterre, elle aurait les chances d'être réalisée sur-le-champ, 1° par le gouvernement, 2° par les associations nombreuses qui déjà existent pour obvier aux maux de la classe ouvrière, 3° par un candidat riche et bienfaisant.

Il serait digne de cette grande nation de prendre l'initiative d'une régénération sociale qui doit s'étendre sur le monde entier. Toujours elle s'est montrée ardente à accepter les innovations et les découvertes des génies créateurs. La première, parmi les grands États, elle embrassa la doctrine du libre examen qui fit tomber les chaînes de l'esprit ; la première, elle donna l'exemple d'un gouvernement représentatif ; elle enfanta Newton, Locke, Smith, Bentham ; elle accueillit Fulton, honni par les savants français. Aujourd'hui, si elle se traîne dans les haillons du passé, si elle subit les conséquences des intérêts divergents créés par ses plus magnifiques innovations et découvertes, néanmoins elle a certitude d'avenir par la pratique de toutes les libertés, et le développement industriel, double face progressive sous laquelle se manifeste la vie des peuple. Or l'avenir humanitaire, c'est l'*association*; l'Angleterre sera plus apte qu'aucune nation au monde à le comprendre.

La Belgique, comme l'Angleterre, est un pays extrêmement favorable à la réalisation du système sociétaire, par son esprit à la fois sage et entreprenant, ses immenses ressources, et la liberté positive dont elle jouit. Nul pays n'est plus à l'abri, par le bon sens des masses, de toute spéculation fausse, de toute théorie vague; nul pays n'a plus de préventions contre les utopies. Mais qu'on lui présente un plan positif d'améliorations pour la classe ouvrière, une spéculation à la fois utile et lucrative, des bases d'association agricole et industrielle qui promettent de tripler subitement le revenu, et

nulle nation, si ce n'est l'Angleterre, ne se
montrera aussi apte à comprendre, aussi ardente à entreprendre, aussi persévérante à exécuter. Comme l'Angleterre, elle ne trouvera ni
entrave, ni obstacle dans l'administration, ni
dans le pouvoir, mais plutôt appui et encouragement, et, en tous cas, liberté entière, liberté
d'association, liberté de langage, liberté de la
presse, liberté du culte ; liberté, et de plus un
bien-être général répandu sur toutes les classes,
et une certaine égalité de fait ; les bourgeois et
l'ouvrier se donnent la main, l'aristocratie
n'existe guère que de nom ; la royauté y est réellement populaire et peu coûteuse. La Belgique
actuelle rappelle les villes républicaines de la
Flandre et du Brabant au moyen-âge ; elle
fleurit également par l'industrie et le commerce,
et des institutions libres basées sur le système
communal ; elle a, de plus, l'avantage d'une
administration régulière qui réunit les villes
comme en un faisceau, les associe d'esprit et
d'intérêts, et forme obstacle aux rivalités et
divisions qui déchirèrent si misérablement les
républiques florissantes et anarchiques du moyen
âge.

La Belgique est admirablement préparée au régime sociétaire. L'esprit d'association y a déjà produit des fruits immenses et tend , chaque jour , à élargir et à consolider ses bases. Le crédit et la confiance doublent les ressources de l'industrie. Le pays possède la première richesse, qui le place à l'abri des vicissitudes qui enrichissent et ruinent les nations essentiellement industrielles ; il possède la fertilité du sol. La Belgique est un des pays du monde où le sol est le plus riche , le plus abondant et le mieux cultivé ; l'industrie et l'activité du commerce, ainsi que la confiance générale , le crédit public , tiennent essentiellement à cette condition stable de prospérité. Aussitôt que le système de Fourier y sera connu , il ne saurait manquer d'y être adopté en tout ou en partie , surtout au moment actuel où l'on songe sérieusement à améliorer le sort des ouvriers , où l'esprit d'association grandit et s'éclaire , où les colonies intérieures languissantes demandent une nouvelle organisation qui les relève et les rende productives, où de vastes bruyères sont au moment d'être défrichées par *association ;* enfin où le réseau presque terminé , des chemins de fer facilite à

l'industrie et au commerce toute transformation, en même temps qu'il les y excite et les y
pousse d'une force irrésistible.

La France possède les mêmes éléments de
richesses et les mêmes besoins d'amélioration
au sort des classes ouvrières, d'encouragement
aux travaux agricoles, de sécurité politique, de
stabilité industrielle et commerciale, de landes
et bruyères intérieures à défricher, tous besoins
auxquels le système de Fourier peut seul satisfaire. La France possède, de plus, l'avantage, en
formant en quelque sorte un centre de lumières,
parmi l'Europe et le monde, d'imprimer à tout
ce qu'elle crée un tel cachet de publicité, qu'elle
invite d'abord à l'imitation, ce qui devient le
plus sûr moyen de propagande.

§ VI. — Colonisation d'Alger.

Précisement une question actuelle de la
plus haute importance, la question d'Alger,
peut être résolue facilement et promptement
dans toutes ses difficultés par le système d'*association*, tandis qu'elle ne saurait l'être par
quelque autre système que ce soit. Les circonstances sont aussi favorables à la réalisation du

système que le système l'est aux circonstances.
Le terrain pour un essai en grand est trouvé ;
c'est Alger et ses dépendances ; c'est l'Afrique
entière qui peut être conquise pacifiquement
par le système harmonien. Quant aux capitaux
à mettre en avant, il est deux moyens de les
obtenir : le premier, c'est de s'adresser au gouvernement en lui démontrant que jeter les bases
d'une sage colonisation est le plus sûr moyen
de diminuer les dépenses exorbitantes que coûte
Alger dans l'état actuel, et même sous peu de
temps de couvrir entièrement les frais et d'accroître les revenus de l'État du produit de la
colonie. Le second moyen, c'est de former une
compagnie actionnaire en lui démontrant également les bénéfices d'une colonisation sur les
bases d'*association ;* encore la compagnie ne
pourrait-elle agir qu'avec l'assentiment et la
protection du gouvernement qui, pour la formation de colonies, nécessairement à la fois
civiles et militaires dans un pays conquis, doit
toujours conserver la surveillance, la haute
main ; en revanche, il ne peut manquer d'accorder, pour un établissement aussi éminem-

ment utile, tout l'appui et toutes les facilités qui sont en son pouvoir.

Il ne s'agit donc que d'exposer un plan de colonies, basé sur les principes d'association, qui offrirait des bénéfices certains, avec des garanties de sécurité, de stabilité, de prospérité et d'améliorations successives qu'aucun système n'a offertes jusqu'aujourd'hui.

Comment le gouvernement n'accepterait-il pas un plan semblable, soit pour en prendre l'initiative, soit pour appuyer la compagnie actionnaire qui entreprendrait de le réaliser? Dans le système d'*association*, il ne s'agit pas d'utopie, mais de *chiffres*, d'*économies et de produits positifs*; il ne s'agirait pas non plus, dans l'application de l'état sociétaire à la colonisation d'Alger, de créer pour réaliser un système, mais parce qu'il y a nécessité absolue de créer, de sortir d'une espèce d'abîme où, depuis huit ans, les hommes et l'argent vont s'engouffrer sans résultat, sans solution à une position aussi difficile, aussi funeste aujourd'hui que le premier jour.

Quelque coûteuse, quelque désastreuse qu'ait

été, jusqu'à ce jour, au gouvernement la conquête d'Alger, l'honneur et l'intérêt de la France
lui ordonnent de la conserver. Il doit donc chercher un moyen de la faire fructifier, d'y ménager la vie des hommes et de donner sécurité et
stabilité aux colons et à leurs travaux. Le système d'*association* est admirable pour satisfaire
à toutes ces conditions : il se prête à faire prospérer sur-le-champ l'industrie, l'agriculture, le
commerce, et de la sorte à indemniser soit le
gouvernement, soit une compagnie actionnaire
de ses avances, en assurant des avantages immédiats aux colons. De plus, il se combine parfaitement avec un plan d'attaque et de défense
graduée. Or ne sont-ce point les conditions
essentielles de l'établissement de colonies dans
un pays comme l'Afrique, presque entier barbare? Ne doit-on pas de suite chercher à se
caser, à se consolider dans un certain espace,
à y faire fructifier la terre et y créer pour les
colons, en quelque sorte une nouvelle patrie,
en même temps que se réserver de toujours
étendre et agrandir la colonie par un système
permanent de conquête graduée.

Il est reconnu, par l'histoire de toutes les colonies extérieures, que, s'il est aisé, dans les pays lointains et barbares, de conquérir, il est difficile et coûteux de conserver. Pourquoi donc, lorsqu'on est instruit par l'expérience des siècles, conquérir sans but et ne pas chercher uniquement à conserver ce qui produit, et à n'étendre ses conquêtes qu'en proportion des moyens qu'on possède de les faire fructifier.

Il faut donc résoudre le problème de baser la colonisation à Alger sur un vaste plan, de la rendre immédiatement fructueuse, soit au gouvernement, soit aux capitalistes, qui en feront les avances, d'assurer de grands avantages aux colons, de leur procurer toute sécurité, toute stabilité, et en même temps de leur donner le moyen de toujours s'étendre dans le pays, en refoulant les naturels dans l'intérieur, ou, ce qui est préférable, en les *attirant* par les arts de la civilisation et le charme de l'état ociétaire.

Il ne s'agit que d'appliquer les principes du système d'*association*.

Sous le rapport des constructions, le système appliqué aux colonies d'Alger consisterait à élever de distance en distance, sur une vaste étendue du sol, de grandes fermes propres à contenir trois à quatre cents familles, et dont les constructions seraient convenablement distribuées pour le ménage sociétaire, offrant un seul grenier à compartiments, une seule cave, une seule cuisine, de grandes salles pour les repas en commun, pour la surveillance des enfants, etc. Chaque ferme aurait pour dépendances, jardins, étables, écuries, granges, de vastes champs avec cultures variées et plusieurs fabriques ou exploitations, correspondantes à la nature du terrain ou produits du sol. Chaque ferme pourrait avoir pour terrain attenant, y compris celui dont elle couvre la surface, environ une lieue carrée. Les trois à quatre cents familles formant le ménage sociétaire de chaque ferme seraient associées pour l'exploitation intégrale du sol et des diverses industries établies, pour le commerce intérieur et extérieur et pour les travaux domestiques. Chacun serait rétribué d'après son apport de *travail, capital, talent.* Le gouvernement ou la compagnie seraient actionnaires pour toutes les avances qu'ils auraient faites. Tout capital apporté dans l'association par des membres internes ou externes serait également échangé contre des actions.

Je ne m'étendrai pas davantage sur les bases générales d'association suffisamment expliquées dans le cours de cet ouvrage; je n'appuierai que sur ce qui est particulier aux associations coloniales.

Des associations coloniales, comme je l'ai dit, ne peuvent être purement civiles; elles sont à la fois *civiles* et *militaires*. Les exercices militaires sont au nombre des travaux *obligatoires* de la colonie; ils ne doivent pas occuper la majeure partie du temps, mais relayer les colons une ou deux heures par jour des autres travaux. Tous les colons ne sont pas appelés à se battre en plaine campagne; mais tous doivent être prêts à défendre leurs propres demeures, leurs foyers domestiques.

De ce premier principe posé, que tous les colons, de l'adolescence à la vieillesse, doivent être exercés militairement et se tenir prêts à combattre si un cas urgent l'exige, j'en ferai découler un second principe qui pourra paraître hardi : c'est que l'armée ne devrait être nullement distincte, ni à part des colons, mais partager leurs demeures et leurs travaux. En un mot, pour mieux exprimer ma pensée, c'est l'armée elle-même qui devrait être le premier fondement de la colonie, dans le cas où elle serait établie par le gouvernement. On verrait les fermes agricoles-industrielles substituées aux tristes casernes et hôpitaux ; les loisirs des soldats seraient occupés fructueusement dans des travaux agricoles et manufacturiers ; les exercices militaires ne seraient plus pour eux une occupation permanente, mais un délassement, un exercice salutaire, une habitude à entretenir.

Dans ce cas, une foule d'autres colons aptes à tous les travaux industriels et agricoles viendraient grossir leurs rangs et les initier à leur profession, dont l'apprentissage serait rendu prompt par la division parcellaire du travail. Ces derniers, comme je l'ai dit, partageraient les exercices militaires ; il n'y aurait de différence dans leur condition, si ce n'est que les premiers, composant l'armée, pourraient être à chaque instant envoyés contre l'ennemi, et se relayeraient pour la défense permanente du ter-

ritoire occupé, tandis que les autres colons ne
seraient appelés qu'extraordinairement, rem-
plissant dans les colonies à peu près le rôle de
nos gardes nationaux.

Les uns et les autres colons *ont la faculté
de se marier et d'élever leurs enfants*. Comment
veut-on fixer des hommes au sol, leur créer
une nouvelle patrie, si on leur défend les liens
les plus puissants à les y attacher. Dans le système d'armée permanente et de ménages morcelés, la famille est impossible pour le soldat,
en même temps que pour le colon pauvre,
elle est un embarras, un fardeau. Dans le système sociétaire, les femmes et les enfants pour-
voient à leur entretien par le travail; la première enfance est à la charge de l'association.
Qu'on remarque que le système sociétaire,
favorisant la famille et rendant les enfants une
richesse en même temps qu'une joie pour la
communauté, est le seul qui puisse réellement
baser la colonisation, la faire, dès le commencement, multiplier ses habitants par elle-
même; résultat qui, dans le système morcelé,
n'a été atteint dans toutes les colonisations
qu'après un grand laps de temps, après

que la mère-patrie s'est longuement épuisée
en hommes, en argent et en coûteuses expéditions.

Dans le cas où ce serait une compagnie actionnaire qui prendrait l'initiative d'une colonisation sur ces bases, moitié civile, moitié militaire (tout en restant distincte de l'armée),
elle procurerait au gouvernement l'avantage
de pouvoir extrêmement réduire le nombre
des troupes employées à la défense du territoire, et, par conséquent, les dépenses qu'oc-
casionne leur entretien. Elle donnerait en
même temps un magnifique exemple à toute
l'Europe, de la manière d'*occuper les armées
en temps de paix,* de les employer aux travaux
publics tels que défrichements, cultures, routes, canaux, exploitation des mines, etc. ;
car ce serait à ces travaux et d'autres que les
colons seraient employés dans les colonies algé-
riennes, en même temps qu'ils se formeraient
aux exercices militaires et se tiendraient prêts à
combattre.

Le système sociétaire remplaçant les villes
par de vastes fermes agricoles industrielles,
renfermant chacune trois à quatre cents fa-

milles, bâties à peu près à égales distances
(une ferme par lieue carrée), a le double
avantage, comme système de colonisation, d'a-
bord,

D'établir de suite les bases d'une colonie
productive, qui puisse indemniser soit le gouvernement, soit une compagnie actionnaire de
ses avances, et leur procurer, ainsi qu'aux
colons, des avantages toujours croissants; ensuite,

Par le même système de colonisation, d'établir un plan aisé de défense et d'attaque.

Pour démontrer que le système d'association
adapté aux colonies serait de suite productif,
il n'est pas nécessaire d'autres arguments que
ceux-mêmes employés dans le cours de cet ouvrage. L'association, dans tout ordre de choses,
comparativement au système morcelé, donne
triple et quadruple revenu. Appliquée à des colonies extérieures, dans un pays conquis, elle
offre l'avantage d'un terrain gratuit, dont les
actions représentatives offrent de suite un bénéfice net. Cet avantage est surtout important sur
le territoire d'Alger, autrefois le plus fertile du
monde, et qui, aujourd'hui encore, promet de

récompenser les peines du cultivateur par de riches moissons.

Du premier aperçu, on peut également se convaincre que nul système n'est plus propre à la défense et à l'attaque graduée dans un pays de conquête où les colons sont constamment exposés aux agressions des naturels.

Les jardins, les campagnes, le sol cultivé forment la principale richesse des colons. Comment, dans le système de constructions morcelées, comprenant des villes, des villages, des forteresses, comment défendre la campagne, les champs, le sol ? Généralement, dans toutes les guerres, on voit les villes, les forteresses soutenir l'attaque, se défendre avec plus ou moins de succès, mais toujours au détriment des campagnes abandonnées, ravagées, des villages incendiés, des populations rurales surprises et massacrées. Dans l'état de guerre permanente des colonisations, comment assurer dans un semblable système la sécurité à l'agriculteur ? comment lui donner le courage d'ensemencer le sol lorsqu'il n'est pas sûr de recueillir la moisson ? On n'a d'expédient que les armées permanentes, qui coûtent plus à préserver les colons que ces derniers ne sont productifs. Dans le système sociétaire, la campagne cultivée est renfermée en quelque sorte dans les groupes des fermes, de même que les jardins et les cours sont renfermés dans l'intérieur des bâtiments. Chaque ferme aurait sa tour, ses signaux, pour donner l'alarme aux fermes voisines aussitôt qu'un parti ennemi serait aperçu; et toutes simultanément tiendraient prêtes les forces nécessaires pour le repousser, s'il tentait une agression. Les fermes les plus avancées sur le territoire ennemi formeraient autant de forts quant aux appareils meurtriers de la défense, tout en conservant à l'intérieur les dispositions locales pour l'organisation sociétaire. On pourrait même, sur toute la ligne frontière, creuser un fossé, ce qui faciliterait encore la défense.

En un mot, ne serait-il pas infiniment plus aisé de protéger un sol limité, retranché en quelque sorte comme un vaste camp, où tous les colons seraient organisés à la fois pour les travaux productifs et une défense ou surveillance permanente, que d'étendre cette défense à un vaste pays moitié cultivé et peuplé, moitié inculte et désert, avec un système incohérent d'habitations? Ne serait-il pas aussi infiniment plus productif d'utiliser l'armée, en la rendant civile en même temps que militaire, et la casant, d'après un système purement défensif, dans des bâtiments fortifiés, où les travaux manufacturiers et agricoles relayeraient des travaux militaires?

A dater de cette nouvelle organisation, le plan d'attaque, ou, si l'on veut, de conquête, d'envahissement, peu onéreux, peu destructeur, consisterait à avancer insensiblement dans le pays et à toujours occuper le sol nécessaire à de nouvelles fermes sociétaires, selon la multiplication de la colonie, et les capitaux disponibles pour les constructions et les cultures; car à quoi bon occuper un terrain qui ne serait ni cultivé, ni habité? à quoi bon faire peser un joug onéreux sur des populations ennemies, toujours prêtes à le briser! N'est-il pas mille fois préférable de n'occuper insensiblement qu'un terrain productif et d'attirer les populations africaines sous un joug volontaire, par le spectacle de l'industrie attrayante, de la concorde, de l'harmonie et des arts de la civilisation? En prolongeant toujours la ligne de défense à mesure que de nouvelles fermes s'élèvent et que les naturels sont refoulés dans l'intérieur ou attirés par le charme sociétaire, les colons vont toujours en avant dans la conquête de l'Afrique, conquête pacifique, introduisant insensiblement dans les contrées barbares les arts, les sciences, l'industrie européenne, chaque jour perfectionnés, et un admirable mécanisme social, le seul capable de subjuguer véritablement les barbares et les sauvages. En partant de la fondation d'une première ferme sociétaire dans cette contrée, l'imagination ne voit point de bornes à la conquête et la propagande. L'Afrique entière couverte de phalanges soumises à un régime unitaire, ses déserts rendus fertiles, sa température attiédie par la culture générale, et un système d'irrigation qui encaisserait les rivières, dessécherait les marais, ferait jaillir les sources et couvrirait de canaux navigables toute cette contrée aujourd'hui semblable à une mer de feu, toutes ces merveilles seraient, en un laps de temps plus ou moins considérable, les résultats magnifiques d'une colonisation européenne, sur les bases de l'état sociétaire posées par Fourier.

Je n'ai point voulu ici donner un plan, mais seulement un aperçu de colonisation d'après le système phalanstérien. Je n'ai voulu qu'indiquer la seule base possible de colonisation productive, qui ne jette pas en pure perte les hommes et l'argent. C'est à ceux qui ont fait de la question d'Alger un objet spécial d'étude à proposer un plan précis et détaillé ; j'ai seulement tenté de mettre sur la voie. Qu'on étudie le système de colonisation mis en œuvre jusqu'aujourd'hui dans les deux Indes ; qu'on suppute les torrents de sang et les sommes énormes qu'il a coûté pour tenir, en définitive, les colons dans une barbare oppression, pour toujours craindre les révoltes, et exterminer les nations indigènes ; qu'on étudie l'histoire sanglante des colonisations anciennes et modernes, et, qu'instruit par l'expérience des siècles, on essaye, en substituant l'association au système morcelé, et l'envahissement gradué à la conquête violente, qu'on essaye, dis-je, d'arracher l'Afrique aux conséquences dévastatrices de l'ancien système et de procurer à la France la gloire de la pacifique transformation d'un pays barbare en un

pays fertile, florissant, qui soit modèle à la civilisation même.

§ VII. — Éléments d'association.

En résumé, tous les essais d'association, si
simplifiés et sur une si petite échelle qu'ils soient,
sont fructueux. J'appelle essai tout ce qui est
réalisation du système, même dans un seul de
ses principes. Ce qui rend le système sociétaire
essentiellement pratique, c'est la facilité qu'on
a à le décomposer, à le réduire, à l'adapter à
toutes les circonstances. Trois parties principales le constituent : la première, c'est l'association des ménages substituée au morcellement,
à l'isolement actuel. On ne peut nier les avantages économiques de ne faire qu'une cuisine
au lieu de cent, de n'avoir qu'un grenier, une
cave pour les provisions communes, dix ménagères au lieu de cent, deux ou trois salles commodes et aérées pour réunir les enfants dans
leurs jeux, leurs études, et une surveillance commune, au lieu de cent chambres malsaines et
cent surveillantes ennuyées et grondeuses.

Cette première base d'association est si clairement économique qu'on ne peut mettre en doute ses avantages. La difficulté est de l'établir là où le morcellement existe. C'est une question, en quelque sorte, tout architecturale ; les constructions actuelles forment obstacle, il faut détruire pour réédifier ; c'est la réédification matérielle qui précède la réédification sociale. Toutefois cette difficulté disparaît là où rien n'existe, où tout est à créer, principalement lorsqu'il s'agit de colonies intérieures et extérieures, et généralement de tout établissement, soit industriel, soit agricole, qui implique la réunion d'un certain nombre de familles.

La seconde partie essentielle du système, c'est l'association, dans toute industrie, des travailleurs avec les chefs et les capitalistes ; c'est l'abolition du salaire remplacé par la répartition équitable du *travail*, du *talent* et du *capital*; c'est la *solidarité d'intérêts* entre tous les *associés* d'une même industrie, étendue à diverses industries agricoles et manufacturières, ce qui représenterait déjà, dans notre société morcelée, à part les autres conditions sociétaires, *l'association intégrale* et la *solidarité d'intérêts* telles qu'elles existent dans le phalanstère.

La troisième partie, c'est le travail attrayant par groupes et séries, c'est, à vrai dire, la partie la plus neuve du système de Fourier, qui constitue essentiellement sa doctrine.

Déjà, dans l'état actuel de l'industrie et de l'agriculture, on pourrait, jusqu'à un certain point, varier les travaux, les alterner, grouper les ouvriers, leur donner ardeur au travail, surtout si l'on commençait par les y intéresser, les *associer*. La division du travail, poussée très-loin, se prête merveilleusement à la variété et à l'alternat. Il ne faut pas un long apprentissage pour apprendre à faire des têtes d'épingles ou toute autre division parcellaire de l'une ou l'autre industrie. Il ne faudrait donc que l'association de diverses industries à proximité pour que les ouvriers pussent se relayer dans leurs travaux divers ; leur travail et leur santé y gagneraient également. Il serait surtout avantageux d'associer les travaux manufacturiers et agricoles, de sorte que les ouvriers et paysans pussent alterner des uns aux autres.

Il est plus simple, dira-t-on, de créer d'un coup le phalanstère dans toutes ses conditions d'harmonie. Oui, ce serait plus simple si l'on avait la faculté de le faire. Mais en attendant, je le répète, toute application partielle est déjà un progrès, un gage de réalisation complète.

Tous les germes d'essai existent dans la société actuelle, c'est ce qui rend aisé leur perfectionnement.

Anciennement, les monastères, aujourd'hui les casernes, les prisons, les maisons d'éducation, les restaurants, les hôtels, les pensions bourgeoises, le magnifique établissement des Invalides, etc., donnent idée des économies de l'association domestique.

Les sociétés par actions présentent des éléments d'association industrielle.

Les moissons, les vendanges, la pêche, la chasse offrent exemple des travaux, jusqu'à un certain point, attrayants.

Quelque point de départ qu'on prenne en véritable association, que ce soit d'un ménage sociétaire, de l'exploitation intégrale de diverses branches d'industrie ou de l'exploitation intégrale d'une certaine étendue du sol, pourvu qu'il y ait solidarité d'intérêts entre les propriétaires ou capitalistes et les travailleurs , répartition équitable du *travail, capital, talent,* on verra bientôt naître, de cette première base , l'état sociétaire avec l'alternat et la variété des travaux, la division des travailleurs par groupes et séries, d'où résultera la pleine harmonie. L'essentiel, c'est le point de départ, un essai quelconque de véritable association.

Fourier indique différents degrés d'association simple ou composée. Le plus simple degré, comme je l'ai dit, peut être réduit à quatre cents villageois, environ quatre-vingts familles; ce seraient, à proprement parler, les habitants d'un village réunis en une même habitation et associés pour l'exploitation la plus économique et la plus productive des travaux agricoles, industriels et domestiques. Fourier indique également diverses voies de garantisme. Il donne, entre autres, le plan d'un *comptoir communal* qui aurait pour effet immédiat d'abolir l'indigence, d'assurer le droit au travail et de tripler le revenu de la commune qui en prendrait l'initiative. Je crois ne pouvoir mieux terminer ce chapitre qu'en citant ce plan en entier.

§ VIII. — Comptoir communal.

« Le comptoir communal aurait pour principales propriétés :

» Réduire de moitié la gestion domestique des ménages pauvres et même des moyens ;

» Payer à jour fixe, par anticipation et sans frais, les impôts de la commune ;

» Avancer des fonds au cours le plus bas, à tout cultivateur dont les domaines présenteraient quelque garantie ;

» Procurer à chaque individu toutes les denrées indigènes ou exotiques au plus bas prix, en l'affranchissant des bénéfices intermédiaires que font les marchands et agioteurs ;

» Assurer en toute saison des fonctions lucratives à la classe indigente, des occupations variées, sans excès ni sujétion, soit à la culture, soit aux ateliers.

» *Le comptoir communal actionnaire*, affecté à des subdivisions de mille cinq cents habitants au moins, est pourvu de jardin, grenier, cave, cuisine et manufactures communales, au moins deux. C'est un vaste ménage qui épargne aux pauvres tous les menus travaux. Ce pauvre

possède un petit champ et une petite vigne ;
mais comment peut-il avoir un bon grenier,
une bonne cave, de bonnes futailles, des instruments et agencements suffisants ? Il trouve
le tout au comptoir communal ; il peut y dé-
poser, moyennant une provision convenue, son
grain et son vin, et recevoir une avance des
deux tiers de la valeur présumée. C'est tout ce
que désire le paysan, toujours forcé de vendre
à vil prix au moment de la récolte. Il ne crain-
drait pas de payer l'intérêt d'une avance, il le
paye toujours à douze pour cent aux usuriers ;
il bénira le comptoir qui lui avancera à six pour
cent l'an, en lui épargnant les frais de manutention ; car un petit cultivateur se trouvera
payé au comptoir pour faire sans fournitures
l'ouvrage qu'il aurait fait gratuitement chez lui,
avec frais de fournitures. En effet :

» Il a consigné au comptoir sa récolte, vingt
quintaux de grain et deux muids de vin : ce
n'est pas lui qui fournit les sacs, les futailles,
les chariots et animaux pour conduire au marché : sa récolte faite et consignée, il travaille à
journée pour le comptoir, et il se trouve payé
tout en soignant son blé et son vin qui gagnent

en valeur ; car on les réunit à une masse de grains, à un foudre de même qualité. On peut même lui épargner les soins de cuverie et recevoir sa vendange selon les évaluations d'usage.

» Le travail, pour garantir le grain des rats et des charançons, et pour manutentionner quatre ou cinq foudres, ne s'élève qu'au dixième de ce qu'il serait dans une foule de petits ménages dont le comptoir emploie accidentellement les plus pauvres dans ses greniers, caves, jardins et ateliers. Ils ne peuvent, en aucun temps, y manquer d'occupations, et c'est pour eux un bénéfice d'autant plus notable, qu'en consignant au comptoir, ils ont beaucoup de temps de reste par épargne de manutention et même de cuisine ; car ils obtiennent, lorsqu'ils ont consigné des denrées, un crédit quelconque à la cuisine communale, et imitent nos petits ménages, qui prennent chez le traiteur pour épargner les frais.

» Le comptoir s'approvisionne de tous les objets de consommation assurée : étoffes communes, denrées de première nécessité et drogues d'emploi habituel. En les tirant des sources,

il peut les donner à petit bénéfice aux consignataires, leur en exhiber les comptes d'achats et de
frais. Ces avantages sont autant d'amorces à la
consignation. Si le comptoir est bien organisé,
il doit, en moins de trois ans, métamorphoser
tout le système agricole en demi-association,
car il sera recherché du riche comme du pauvre.
Tout riche y briguera l'avantage d'être actionnaire votant; le petit consignataire non actionnaire y aura, en séance de bourse, voix consultative sur les chances de vente; l'actionnaire
opinera sur les ventes et achats.

» Rien n'est plus agréable au campagnard,
et surtout au paysan, que les assemblées d'intrigue commerciale. C'est un charme dont il
jouirait, chaque semaine, au comptoir communal, en séance de BOURSE, où l'on communi-
querait les avis de correspondance commerciale,
et où l'on débattrait sur les convenances d'achat
et de vente. Le paysan, quoique peu enclin aux
illusions, convoiterait avidement la gloriole
d'actionnaire délibérant sur les achats et ventes
du comptoir communal, ou tout au moins le
rang de consignataire à voix consultative. Les
paysans tiennent, chaque dimanche, *la bourse*

à la porte de l'église, avant ou après la grand'-messe ; ils la tiennent dans les marchés et caba-rets, où ils s'épuisent en informations et caquets sur l'état des affaires, sur la hausse et la baisse des denrées : ils auraient au comptoir une vé-ritable bourse et s'empresseraient, pour y figu-rer, de devenir actionnaires ou consignataires, ou l'un et l'autre.

» Le comptoir aurait une ou deux manufac-tures, afin de fournir, en hiver comme en été, des occupations variées à la classe pauvre. Dans son organisation, il se rapprocherait, autant que possible, des procédés harmoniens ; il pour-rait avoir à son compte des cultures et des trou-peaux selon les moyens dont il serait pourvu ; il donnerait toujours à ses agents, même les plus pauvres, une portion d'intérêts sur quel-ques produits spéciaux, comme laines, fruits, légumes, etc., afin d'éveiller en eux cette acti-vité, cette solicitude industrielle qui naît de la participation sociétaire, et les préserver de l'in-souciance qui caractérise les salariés civilisés.

» Ce qu'on doit chercher, c'est d'amener un canton à une ombre d'association sur l'ensemble

du mécanisme, sur la culture, la fabrique, le
commerce, et surtout la cuisine et le soin des
enfants, choses infiniment dispendieuses pour
le villageois, en ce qu'elles détournent du travail
les femmes les plus aptes à y concourir. »

Ce plan est d'une exécution aisée et offre des
bénéfices certains à toute personne qui voudrait
faire l'avance de quelques capitaux, et s'établir
dans le comptoir pour exercer la surveillance
dans les commencements. Le revenu du village
serait triplé au bout d'une année, et le comptoir posséderait de tels éléments d'association
qu'en très-peu de temps il réaliserait complète-
tement l'état sociétaire, et se convertirait en un
phalanstère que les villageois aideraient, en
grande partie, à construire, contribuant de
leurs bras et de leur argent, ainsi qu'au moyen-
âge, en Italie, où l'on vit de magnifiques monuments s'élever par les dons volontaires et le
concours spontané des habitants mêmes des
villes. Ce que l'on faisait à cette époque par patriotisme ou religion, comment ne l'effectue-
rait-on pas aujourd'hui par le motif puissant
d'un bien-être prochain, assuré pour soi, pour

les siens, par l'espoir de préparer un avenir meilleur pour tous, et enfin par la certitude d'entrer dans les desseins de Dieu, et de remplir ses vues providentielles sur l'humanité?

CHAPITRE XVI.

Restauration des climatures.

Une des parties les plus curieuses de la théorie sociétaire, ai-je dit (*), est la *restauration des climatures*, par la culture intégrale du globe que l'état sociétaire peut seul effectuer à l'aide des armées industrielles. Les détails où Fourier entre à ce sujet sont d'un puissant intérêt ; d'ailleurs tout est tellement lié dans le système d'association, que c'est le dénaturer que d'en omettre aucune partie.

(*) Voyez *Armées industrielles*.

Écoutons Fourier :

« Il n'y a guère aujourd'hui que l'Europe, l'Indoustan et la Chine qui soient mis en pleine culture, encore se ressentent-ils du régime morcelé et incohérent. Tous les bons esprits ont déploré la fâcheuse propriété qu'a la civilisation de se perdre par l'excès de ses cultures , par le ravage des forêts, par le défaut d'entente et d'unité dans les dispositions agricoles. La culture civilisée et barbare n'est qu'un leurre de quelques siècles ; elle brille un instant et semble améliorer les climatures ; mais bientôt elle ramène son atmosphère à une inclémence pire que la rudesse primitive. Il est bien aisé de façonner un pays brut par des défrichements partiels et abatis des forêts ; mais il est bien difficile de restaurer un pays ravagé par la civilisation et démeublé de forêts et de sources, comme est aujourd'hui la Perse autrefois si féconde ; comme sont déjà la Provence , le Languedoc , la Castille, et comme seraient dans deux siècles toutes les régions aujourd'hui si fières d'une lueur de bien-être climatérique, et dont on voit arriver à grands pas la décadence :

témoin l'Angleterre, qui figure au premier
rang des pays cultivés ; sur les lieux même où
elle brille par des travaux d'Hercule, tels que
le canal Calédonien, on voit régner le vice
destructeur des climatures, la dévastation des
forêts ; il n'y a pas un arbre sur les montagnes
d'Ecosse qui devraient être couvertes de sapins
et bouleaux. En Russie même, pays neuf, on
se plaint déjà du tarissement.

» Dans le système sociétaire, où le globe
entier sera régi comme domaine d'un seul
homme, on obtiendra le double bénéfice d'une
culture générale et parfaitement distribuée, ce
qui procurera un adoucissement de climature
de trente degrés, comparativement aux atmosphères brutes, comme celles de Sibérie, Haut-
Canada, Australie; on y gagnera la fusion des trois
quarts des glaces du Nord, ce qui livrera au commerce général deux passes *pleinement praticables*
par la mer Glaciale et le détroit de Behring ; on
y gagnera de plus une garantie de températures
nuancées, mitigées en froid et en chaud,
exemptes d'excès et de transitions subites, et
comportant au quarante-cinquième degré trois

récoltes habituelles ; au soixantième, deux au moins; les trois récoltes du quarante-cinquième réparties comme il suit :

» Première : semailles de novembre , recueillies en courant de mai.

» Deuxième : menus légumes, semés fin mai, recueillis fin juillet.

LABOUR EN DÉFONCEMENT.

» Troisième : semailles d'août , recueillies en novembre.

» La triple récolte ne sera pas due à un accroissement de chaleur , ce moyen serait très-illusoire ; l'excès de chaleur et sa continuité paralysent la végétation ; le bénéfice tient à obtenir des températures bien nuancées par des zéphyrs et des pluies fécondantes. Une pluie d'un mois , une chaleur d'un mois sont également le fléau des cultures.

» Il est connu que , si l'on pouvait jouir d'une température à commande ou variante régulière de pluies et chaleurs sans excès, les végétaux croîtraient presque à vue d'œil; on obtiendrait les trois récoltes plus facilement que la simple , si souvent contrariée par les excès, surtout par celui de la lune rousse, funeste à la France.

» Tel sera le fruit de la culture universelle aidée du mécanisme sociétaire ; on en verra naître une climature méthodiquement raffinée dans toute l'échelle atmosphérique.

» Il est plus qu'avéré que les défrichements peuvent modifier la température ; qu'elle est, comme les terres, un champ livré à l'industrie humaine ; que nos cultures, si elles sont exercées avec intelligence, peuvent tempérer de douze degrés une atmosphère, et faire jouir le cinquantième degré d'une climature de trente-huit, comme aussi réduire un trente-huitième, s'il est mal cultivé, à la climature d'un cinquantième bien cultivé.

» Par exemple, Paris et Tours, situés au quarante-septième degré, jouissent d'un climat tempéré où les froids annuels n'excèdent guère dix à douze degrés de Réaumur ; tandis que les villes de Québec et d'Astrakhan, situées sur la même ligne, éprouvent des froids égaux à celui de Pétersbourg : le thermomètre y descend communément à trente degrés, et on l'a vu à Astrakhan descendre à trente-sept degrés, froid plus vif que celui de Saint-Pétersbourg. La cause en est que l'une et l'autre villes sont contiguës à des déserts immenses et prolongés à l'infini ; elles participent nécessairement de la température des déserts qu'elles avoisinent, et cet incident réduit, en hiver, Astrakhan, ville du quarante-septième degré, au climat des villes du soixantième et même du soixante-troisième degré, comme Vasa et Drontheim.

» Il en est de même de Philadelphie et Péking, situées au quarantième degré, même latitude que Naples, et qui peuvent, quant à l'hiver, être assimilées à Berlin, latitude cinquante-troisième degré, sinon pour la durée, au moins pour l'intensité du froid. La cause en est également dans le voisinage de grandes régions incultes.

» La vigne ne peut pas croître sur les coteaux de la Pensylvanie, située également à la même latitude que Naples ; tandis qu'elle prospère à Mayence, ville située à dix degrés plus haut, mais sous une atmosphère déjà raffinée qu'on appelle *climat fait* ou *formé*, c'est-à-dire où la terre est en pleine culture.

» Par le seul procédé de raffinage simple, on

obtient déjà, comme on voit, environ quatorze
degrés d'adoucissement de climature. Par le
raffinage intégral et composé, on peut en obtenir jusqu'à trente-six.

» Par *raffinage simple*, Fourier entend un radoucissement opéré par des cultures locales et
bornées comme celle de l'Italie. Sa pleine culture, jointe à celle des régions voisines, Allemagne et France, est le ressort qui produit
déjà le bénéfice de treize à quatorze degrés,
comparativement à une température brute,
comme celle de l'Australie. Mais l'Italie est
avoisinée de régions mal cultivées, telles que
l'Afrique, la Grèce, la Hongrie et même l'Espagne, où Madrid est sujet à des froids meurtriers, par l'effet du déboisement, de l'effrite-
ment et des landes.

» L'influence de nos cultures est donc contre-
carrée par celle d'une masse de terres voisines
encore incultes ou mal exploitées ; tandis que
l'Italie raffine son atmosphère, la Grèce et l'A-
frique travaillent à la vicier ; leur voisinage ne
peut manquer d'exercer une fâcheuse influence
pour outrer les intempéries en chaud en en
froid.

» Ces influences vicinales ne s'exerceraient qu'en bien si la terre entière était pleinement cultivée, comme les six régions dites Allemagne, Italie, France, Hollande, Belgique, Angleterre, car si l'on suppose que tout le globe terrestre pût opérer de même et qu'il fût assez peuplé pour élever partout ses cultures à la perfection de celles de l'Europe occidentale, il résulterait, du concours bienfaisant des atmosphères de tous les continents, que le raffinage, devenu général ou *simple intégral,* gagnerait au moins dix degrés sur les raffinages partiels et locaux.

» Nous avons vu qu'ils sont de quatorze degrés en *culture simple,* et qu'on peut les estimer en moyen terme à douze degrés, lesquels seront augmentés de dix degrés par effet de *culture générale.* On aura donc, au total, vingt-deux degrés de raffinage atmosphérique pour toutes les régions actuellement incultes et formant au moins les quatre cinquièmes du globe.

» Cet état de choses ne sera encore qu'un raffinage très-incomplet, car nous avons raisonné jusqu'ici sur l'hypothèse d'une pleine culture du globe en mode morcelé et vicieux comme celui de la civilisation. Cette société, tant vantée, n'élève pas son atmosphère à moitié du raffinage possible. L'Italie est pleine de landes et de marécages ; les chaînes de l'Apennin sont effritées, ravagées depuis Gênes jusqu'en Calabre ; la France est dans un désordre pire encore ; la destruction de ses forêts détériore à vue d'œil les climatures ; elle bannit de Provence l'oranger, elle chasse à grands pas l'olivier et bientôt la vigne.

» Ce n'est pas ainsi que cultive l'ordre sociétaire ; il distribue l'universalité des cultures, comme si le globe entier appartenait à une seule compagnie d'actionnaires ; il élève chaque canton, chaque province, chaque région à un état de perfection combinée : il entreprend toutes les opérations générales de reboisement, irrigation et desséchement ; tous les travaux qui peuvent assainir, adoucir et raffiner l'atmosphère, soit locale, soit générale.

» Dans cet état de choses, les régions, au lieu de se communiquer des germes d'ouragans, n'échangent que des germes de zéphyrs : les eaux et forêts sagement distribués préviennent à la fois les excès de chaud et de

froid, et le radoucissement général de température devient le fruit de cette perfection universelle de culture. L'atmosphère, dans ce cas,
se trouve raffinée au degré *composé intégral*,
qui exige deux ressorts de perfectionnement :
celui de *culture générale* et celui de *distribution
judicieuse* de culture.

» Nous ne connaissons en civilisation qu'un
de ces deux moyens ; nous savons cultiver ,
mais non pas distribuer les cultures que chaque
province et chaque particulier répartissent con-
fusément et sans aucun rapport avec les convenances de température. On place des champs
sur des sommets où conviendraient les forêts ;
puis des forêts dans une plaine apte à la culture
des céréales ; les trois quarts des sommets de
chaînes sont dégarnis de bois , quoiqu'on sache
fort bien qu'ils ont la propriété de carder les
vents , d'en amortir les malignes influences.

» La distribution méthodique des cultures n'a
jamais pu devenir objet de spéculation , parce
qu'elle n'existe nulle part et qu'elle n'est pas
compatible avec l'état morcelé ou civilisé. Nous
avons donc à évaluer l'effet que produirait cette
distribution méthodique , dans le cas où elle

serait introduite localement et généralement,
ce qui aura lieu dans l'état sociétaire. J'évalue
que cette chance élèvera le bénéfice climatérique de quatorze degrés en sus du résultat du
raffinage *simple intégral* qui donne vingt-deux
degrés : les climatures gagneront donc trente-
six degrés.

» Il faut observer que le bénéfice , qui est
presque partout en chaleur dans le cas de raffinage simple, devient mi-parti de chaleur et de
fraîcheur quand le raffinage est composé. Dans
ce cas , la répartition judicieuse des forêts et
hauts bassins d'irrigation crée partout ce qui
manque , en été , à nos campagnes , les germes
des zéphyrs , de pluies douces , périodiques , de
sources intarissables , etc.

» La triple récolte ne pourra naître que de ce
raffinage *composé intégral ,* ou étendu à tout
l'ensemble des terres ; et dans ce cas , le bénéfice de trente degrés sera général sur tous les
continents , même sur les deux points polaires ,
dont le boréal sera restreint au quart de sa
congélation et l'austral diminué de moitié seulement.

» Le restant des glaces boréales ne causera

plus qu'un refroidissement de cinq degrés, à rabattre sur les trente de bénéfice ; reste vingt-cinq degrés à répartir par vingt degrés en chaleur et vingt-cinq en fraîcheur. Un vaisseau naviguant par le soixante-quinzième degré dans les mers glaciales y jouira de la température du cinquante-cinquième degré, celle d'Edimbourg, pendant les mois de chaleur polaire, mai, juin, juillet, août, septembre.

» Pour se convaincre qu'il a dû être dans les intentions du Créateur que les mers entourant le pôle boréal devinssent un jour navigables, par l'adoucissement général des températures et la naissance d'une couronne de lumière et de chaleur qui doit contribuer à cet adoucissement en se fixant au pôle (*), il ne faut que considérer le contraste de forme entre les terres voisines du pôle austral et celles voisines du pôle boréal : les trois continents méridionaux sont aiguisés en pointe et de manière à éloigner les relations des latitudes polaires. On remarque une forme tout opposée dans les continents septentrionaux ; ils sont évasés en s'approchant du pôle, ils sont

*) Voyez le chapitre suivant, *Cosmogonie.*

groupés autour de lui, pour recueillir les rayons
de l'anneau qui doit le couronner un jour ; ils
versent leurs grands fleuves dans cette direction, comme pour attirer les relations sur la
mer Glaciale. Or, si Dieu n'avait pas projeté de
donner la couronne fécondante au pôle boréal,
il s'ensuivrait que la disposition des continents
qui entourent ce pôle serait inexplicable, d'autant plus que, sur le point opposé, Dieu a donné
aux continents méridionaux des dimensions parfaitement convenables autour d'un pôle qui
n'aura jamais de couronne fécondante (*).

» Dans le cas de gestion unitaire du globe,
le raffinage s'étendrait sur tous les produits de
la terre et toutes les races d'animaux. Déjà nous
pouvons apprécier combien la culture et la
domesticité élèvent les végétaux et les animaux
au-dessus de leur valeur brute ou sauvage ;
témoins nos bœufs et moutons, nos fleurs et
fruits si supérieurs à ceux que donne la simple
nature.

» La culture *locale simple* modifie déjà les
toisons et enveloppes de l'animal, ainsi que

(*) Fourier, *Théorie des quatre mouvements.*

la saveur des viandes et des végétaux. On en peut juger par la différence d'une laine de mouton à celle de mouflon, d'une chair de cochon à celle de sanglier.

» La culture *générale* nous donnerait une foule de variétés inconnues. Si la cerise et le raisin étaient cultivés sur tous les points du globe, combien de nouvelles nuances n'obtiendrait-on pas, soit par l'influence des climatures de terres non exploitées, soit par les croisements de ces nouvelles sortes avec les nôtres? Nous savons déjà distinguer plus de cent variétés de roses; on en aurait mille si tout le globe cultivait les roses.

» La culture *générale composée* serait celle qui combinerait et croiserait par toute la terre les produits perfectionnés déjà dans chaque localité. Par exemple, supposons le globe entier cultivé comme la Normandie; chaque région élevant, avec un soin infini, les plus belles races de chevaux qu'elle puisse comporter, et formant des haras et des établissements où l'on croiserait une centaine des plus fameuses races, normands, arabes, anglais, andalous et autres, que donneraient, dans l'ordre sociétaire, les contrées incultes, comme l'Australie qui n'a pas même de chevaux.

» En raffinant tous ces produits de culture locale composée, en les raffinant par des croisements de toutes les belles variétés du globe, on aurait l'échelle de beauté suprême en chevaux : la série des perfections possibles à la nature, aidée de l'industrie générale composée (*). »

En envisageant le magnifique développement que l'état unitaire imprimerait au globe et à toutes les choses créées, on ne peut douter que la race humaine ne serait susceptible d'égales améliorations et perfectionnements. Déjà, dans l'état actuel, nous pouvons apprécier la différence d'une race sauvage à une race civilisée, d'un homme brut à un homme cultivé. La différence et la graduation des races sont distinctes; la différence et la graduation des individus, même au berceau, sont également distinctes. La nécessité du croisement des races humaines est reconnue, chacun sait également l'influence des arts et de l'industrie sur les peuples, l'influence de

(*) *Traité d'association.*

l'éducation sur les individus. En supposant donc l'unité et l'harmonie sur le globe, l'éducation intégrale ou développement physique, moral et intellectuel porté au plus haut degré, assuré à chaque individu, tous jouissant de la vigueur, de la santé et de la richesse, toutes les races du globe se croisant et se perfectionnant, qui pourrait poser des limites à la vigueur et la longévité (*) de la race humaine dans l'avenir, non plus qu'au bonheur dont elle jouira dans cet état de choses? et qui pourrait dire qne l'état sociétaire qui doit amener et réaliser l'harmonie et l'unité du globe, capable d'enfanter ces merveilles, ne soit pas la destinée providentielle de l'humanité.

(*) Fourier assigne cent quarante-quatre ans pour terme moyen de longévité aux hommes dans l'état harmonien.

CHAPITRE XVII.

Cosmogonie. — Immortalité de l'âme.

En admettant que l'*état sociétaire*, tel que nous le dépeint Fourier, soit la destinée ultérieure de l'humanité, qu'un jour l'unité régnera sur le globe, et que toutes nos passions, satisfaites et harmonisées, nous feront jouir d'un bonheur continu, il nous reste encore à élever deux objections : la première est pour la génération présente et pour les générations passées qui, ayant participé et participant encore aujourd'hui aux maux de l'état sauvage, barbare et civilisé, n'ont pas joui et ne joui-

ront pas des biens futurs de l'état harmonien ;
la seconde est pour les harmoniens eux-mêmes
qui, plus ils goûteront de joie en cette vie, plus
ils éprouveront de peine à la quitter. Mais Fourier résout ces derniers doutes, console ceux
qui n'assisteront point à l'avénement de l'état
sociétaire, et nous fait comprendre comment la
crainte de la mort n'altérera point le bonheur
des générations harmoniennes, en nous donnant une sublime théorie de l'immortalité de
l'âme, se rattachant au système de la création
entière, et qui certes renferme ce que jamais
l'homme a pu concevoir de plus digne du Créateur et de plus satisfaisant pour la raison humaine. Fourier a la conviction intime de la
théorie nouvelle qu'il apporte sur ces immenses
questions. Toutefois, comme il ne peut la démontrer par des preuves aussi palpables que
celles du système sociétaire, il se hâte de l'en
séparer, bien que sa doctrine soit *une* dans son
esprit. Il se contente de dire : l'association triple
le revenu, donne tous les biens terrestres ; l'association est un calcul d'arithmétique que chacun peut vérifier sur-le-champ par un essai. La
théorie de l'immortalité de l'âme est un raison-

nement abstrait ; elle s'adresse à l'intelligence , au cœur, à l'esprit ; elle est pour ceux qui ne peuvent se contenter du matériel et éprouvent le besoin passionné de croire au delà de ce qu'ils voient , de ce qu'ils touchent.

S'il est vrai que *nos destinées soient proportionnelles à nos attractions*, principe que l'on ne peut mettre en doute sans nier la sagesse du Créateur, nous en acquérons la certitude de l'immortalité de l'âme , car nous avons horreur du néant, et notre désir à tous est de continuer à exister, même quand la mort dissout notre enveloppe matérielle. Ce désir se change même en une foi commune à tous les peuples de la terre , et ils la possèdent même d'autant plus vive , qu'ils sont restés plus proches de la nature. Il n'y a qu'une philosophie fausse, l'orgueil de la raison qui , niant tout ce qui ne tombe pas immédiatement sous les sens, a pu donner la croyance désespérante que l'âme est matérielle, qu'elle ne survit pas au corps , et que tout finit avec nous : triste philosophie rendant les hommes ennemis d'eux-mêmes et de l'humanité! Tristesse du doute , horreur du néant! Naître dans les souffrances, vivre dans l'ignorance avec

des passions inassouvies, des désirs toujours
trompés ; aspirer à tout et ne posséder rien ;
agoniser et mourir, ce serait là toute l'existence
humaine, ce serait là le but de la création ? S'il
n'y a pas d'âme, il n'y a pas de Dieu ; que nous
importe un Dieu ! Mais ce quelque chose en
nous qui s'élance vers une vie supérieure, où
l'énigme de la création nous sera expliquée, où
notre esprit pénétrera tous les mystères de la
nature, sans bornes, ni limites, où nous posséderons l'infini qu'aujourd'hui nous ne pouvons même concevoir ; cette puissante attraction vers un monde supérieur, qui rend notre
vie comme un rêve dont nous cherchons à nous
éveiller, nous trompe-t-elle? Rien ne meurt
dans la nature, tout se modifie, change, se
transforme ; le sentiment qui nous anime serait-
il seul périssable? Le sommeil, où l'âme ne
cesse d'exister tandis que le corps est inerte,
n'est-il pas une image exacte de la mort? Notre
vie n'est-elle pas un songe un peu plus distinct,
un peu plus lucide que les songes réels, dont
la mort sera un réveil éclatant, où, tout à coup
illuminé d'un jour nouveau, notre esprit, plon-
geant dans des torrents de lumière, prendra

pitié de son passé et des pauvres humains qui
ne savent pas même s'élever au degré de lumière et de bonheur dont cette terre est déjà
susceptible ?

L'attraction de l'homme vers une vie nouvelle n'est pas simple, mais composée : il aspire
non-seulement à revivre dans l'autre monde,
mais il aspire également à revivre dans ce
monde-ci. Cette vie n'est, après tout, qu'une
expérience triste et pénible des choses. On la
passe à acquérir quelque science, quelque fortune, quelque sagesse, et l'on vieillit, l'on
meurt au moment de mettre à profit ce qu'on a
acquis. Toujours on quitte cette vie avec quelque regret, soit de ne pouvoir terminer une
œuvre entreprise, soit de quitter ceux qu'on
aime, les biens dont on jouit, soit enfin, et c'est
le regret le plus poignant, de n'avoir connu ici-
bas que la misère et le chagrin. Chacun sent
instinctivement que des liens nous attachent
encore à cette terre, que nous avons tous une
tâche à y accomplir. Chacun exprime vague-
ment le désir de revivre, de revenir en ce
monde et d'y recommencer une vie plus heureuse et plus sage : ce vœu est satisfait par la

métempsycose des âmes dans l'humanité. La théorie de Fourier nous explique comment nos âmes immortelles alterneront de cette vie-ci dans la vie *ultramondaine*, vie où l'âme est dégagée du corps, pour revenir de nouveau sur cette terre reprendre une nouvelle enveloppe et participer aux progrès et aux jouissances futures de l'humanité.

Tout est lié dans le système de l'univers; tout être tient au grand tout; les règnes de la nature se touchent, se confondent; toute substance s'alimente d'autres substances; les êtres s'enchaînent, s'attirent, s'agglomèrent, vivent les uns par les autres; cette loi, visible et palpable pour la matière, régit également les intelligences. Les âmes se touchent, se confondent; nous nous transportons en autrui par la pensée et le sentiment qui, nous faisant imaginer ce que les autres pensent et sentent, nous font nous alimenter de leurs pensées, de leurs sentiments. Notre esprit franchit le temps et la distance pour nous identifier avec les absents, avec ceux qui ont vécu. Cette vie, à la fois commune et individuelle, appartient à tous les êtres doués de pensée et de sentiment, aux

grandes âmes comme aux petites âmes ; car
notre globe est doué, comme les créatures
mêmes, d'une âme qui a sa vie propre et qui
communique à la fois avec les âmes des humains
et avec les âmes des planètes, pour se confondre toutes dans l'âme universelle, Dieu même,
principe et moteur de tout mouvement, de
toute pensée, de tout sentiment.

La nature, dit Fourier, est composée de
trois principes éternels, incréés et indestructi-
bles :

1° *Dieu ou l'esprit*, principe actif et moteur ;
2° *La matière*, principe passif et mû ;
3° *La justice ou les mathématiques*, principe
   régulateur du mouvement.

Dieu lui-même est asservi à la justice : il ne
pourrait pas vouloir ce qui serait injuste, ce
qui serait contradictoire avec les règles éternelles et immuables de la justice.

Quelles sont donc les lois éternelles de la nature ?

Toute chose créée naît, croît et meurt pour
revivre et se transformer. La nature entière,
dans ses trois règnes, nous donne exemple de

cette croissance et décroissance des êtres, et se plaît aux images les plus sensibles de renaissance et de transformation, comme, par exemple, la chenille, le ver à soie, etc. Les êtres que l'humanité ne pourra voir ni naître, ni mourir, nous donnent symbole de leurs croissance et décroissance, comme le soleil qui, chaque jour, semble naître, croître et mourir sous nos yeux. C'est une révélation permanente et symbolique de toute la nature, que l'homme naît, croît et meurt pour se transformer et revivre, et que le globe même, la planète que nous habitons, ainsi que tous les mondes créés ou à créer, ont une existence propre et soumise aux mêmes lois, qui régissent la nature entière, naître, croître et décroître pour se transformer et revivre.

C'est d'après ce principe positif, tiré de la nature des choses, que Fourier élève une magnifique théorie de créations successives du globe, formant chacune une nouvelle période pour l'humanité, et de l'alternat ou transmigration des âmes dans l'autre vie et sur cette terre. Sa théorie embrasse le système entier de l'univers, les créations successives des

planètes et les transmigrations successives de
nos âmes dans tous les mondes qui existent et
existeront à l'infini. Pour ne parler que des
créations successives sur notre globe, cette
théorie si belle, si consolante, vient, en quelque
sorte, corroborer le pressentiment, l'intuition
qu'en ont eu les plus grands esprits, notamment
Buffon qui, à ce sujet, s'exprime de la sorte
dans ses *Époques de la nature :*

« La création n'a pas été un fait instantané
» et unique ; elle a eu ses diversités d'âges et de
» phases ; elle a été et elle est encore incessante
» et progressive. La nature agit d'après un des-
» sein primitif et général qu'on peut suivre très-
» loin. Mais, bien qu'elle se montre toujours
» constamment la même, elle roule néanmoins
» dans un mouvement continuel de variations
» successives, d'altérations sensibles ; elle se
» prête à des combinaisons nouvelles, à des mu-
» tations de matière et de formes, se trouvant
» aujourd'hui différente de ce qu'elle était au
» commencement et de ce qu'elle est devenue
» dans la succession des temps. »

Il en est ainsi de toutes les idées principales
de Fourier : avant lui, elles existaient en germe.

Tous les grands hommes, tous les beaux génies ont pressenti l'harmonie et l'unité. Fourier est le premier qui ait essayé d'en démontrer les lois découlant de l'analogie universelle, et ratta-chant les destinées humaines aux destinées de l'univers entier, des milliards de planètes lan-cées à toute éternité dans l'espace.

Écoutons les calculs de Fourier sur la desti-née de notre planète et les vies successives de nos âmes ; ne nous étonnons point des chiffres précis qu'il nous en donne. Pour lui, les desti-nées humaines sont un problème qu'il a résolu mathématiquement, d'après une base probable, et il nous donne les chiffres, résultats de ses calculs :

« L'existence du genre humain, ou de la grande âme du globe, doit s'étendre à quatre-vingt mille ans, terme approximatif. Ce nombre est estimé à un huitième près, comme toutes les évaluations qui tiennent au mouvement social.

» La carrière sociale, évaluée à une durée d'environ quatre-vingt mille ans, se divise en quatre phases et se subdivise en trente-deux périodes :

Phases.

» Il y a deux phases de vibration ascendante ou gradation , et deux phases de vibration descendante ou dégradation.

Vibration ascendante. — Première phase.

L'enfance ou incohérence ascendante ,
un seizième. 5,000

Deuxième phase.

L'accroissement ou combinaison ascendante , sept seizièmes. . . . 35,000

Vibration descendante. — Troisième phase.

Le déclin ou combinaison descendante, sept seizièmes. 35,000

Quatrième phase.

La caducité ou incohérence descendante, un seizième. 5,000
_____
Total. . . . 80,000

» Les deux phases *d'incohérence*, ou discorde sociale, comprennent les temps malheureux.

» Les deux phases de combinaison, ou unité

sociale, comprennent les âges de bonheur, dont
la durée sera sept fois plus étendue que celle des
âges malheureux.

» On voit, par ce tableau, que dans la carrière du genre humain, comme dans celle des
individus, les temps de souffrance sont aux deux
extrémités.

» Nous sommes, dans la première phase, dans
l'âge d'*incohérence ascendante* qui précède l'âge
de *combinaison ou association*. Aussi sommes-
nous excessivement malheureux depuis cinq à
six mille ans, dont nos chroniques nous ont
transmis l'histoire. Il n'y a guère que sept mille
ans depuis la création des hommes, et, depuis
ce temps, nous n'avons marché que de tourments en tourments.

» Les quatre phases de mouvement social se
subdivisent, comme nous l'avons dit, en trente-
deux périodes ou sociétés graduées, sans compter les mixtes.

» Déjà l'humanité a passé par les périodes
d'*édenisme* (*), *sauvagerie*, *patriarcat*, *barbarie*,

(*) *Edenisme*, lorsque les humains clair-semés dans
es pays abondants et les climats favorisés vivaient en

civilisation ; elle touche aux périodes de *garantisme ;* dont elle possède des germes nombreux ,
et peut même passer immédiatement en harmonie, où elle commencera à jouir d'un bonheur aussi grand que ses souffrances ont été
immenses jusqu'aujourd'hui. Ce bonheur ne
fera que croître en échelle ascendante, à l'aide
de créations successives qui viendront enrichir
et embellir le globe, jusqu'à l'apogée qui formera une période d'environ huit mille ans de
bonheur plein , au delà desquels surviendront
de nouvelles périodes sociales, toujours accompagnées de nouvelles créations bienfaisantes,
jusqu'à une dernière création subversive qui
replongera le monde dans l'incohérence et le
morcellement , ce qui le conduira à sa fin après
un déclin rapide de sept périodes malheureuses.

paix , sans soucis et presque sans travail ; mais , à mesure que le monde s'est peuplé, la discorde s'est introduite parmi les hommes avec les privations. Ils ont
dû se disperser sur toute la terre, subir la loi du plus
fort et s'adonner aux travaux pénibles de l'industrie et
de l'agriculture. C'est de cette première période qu'est
resté un souvenir confus d'âge d'or, d'*éden* ou *paradis
terrestre.*

» Les trente-deux sociétés, dans leurs phases ascendantes et descendantes, éprouvent de grands changements; par exemple, lorsque l'ordre incohérent renaîtra dans la vieillesse du globe, on verra la société aussi calme qu'elle est turbulente aujourd'hui où le genre humain a toute la fougue de la jeunesse.

» La création dont nous voyons aujourd'hui les produits est la première des dix-huit qui doivent s'opérer successivement pendant la carrière sociale du genre humain.

» Je ne parle ici que de la création des trois règnes, et non pas de la création du globe même.

» La terre employa environ *quatre cent cinquante ans* à engendrer les productions des trois règnes sur l'ancien continent. Les créations d'Amérique n'eurent lieu que postérieurement et s'opérèrent sur un plan différent : dans l'un ou l'autre continent, elles causèrent de grands bouleversements.

» Toute création s'opère par la conjonction du fluide boréal, qui est mâle, avec le fluide austral, qui est femelle. Une planète est un être qui a deux âmes et deux sexes, et qui procrée, comme l'animal ou le végétal, par la

réunion des deux substances génératrices. Le
procédé est le même dans toute la nature, à
quelques variétés près, car les planètes ainsi
que les végétaux réunissent les deux sexes dans
un même individu.

» Croire que la terre ne fera pas de nouvelles créations et se bornera à celle que nous
voyons, ce serait croire qu'une femme qui a pu
faire un enfant n'en pourra pas faire un
deuxième, un troisième, un dixième. La terre
fera de même des créations successives; mais les
seize créations harmoniques s'opéreront avec
autant de facilité que les deux subversives, la
première et la dix-huitième, ont coûté et coû-
teront de fatigues.

» Sur chaque globe, les premières et dernières créations sont réglées sur un plan opposé
à celui des créations moyennes, et donnent pour
résultat une affluence de productions nuisibles
avec un très-petit nombre d'utiles. Le contraire
a lieu dans toutes les créations moyennes ou
harmoniques; elles donnent une affluence de
productions brillantes et utiles, puis un très-
petit nombre, un huitième d'inutiles et point
de nuisibles.

» Aussi la première création, dont nous
voyons les produits, a-t-elle donné une immense quantité de bêtes malfaisantes sur les
terres et encore plus dans les mers. Ceux qui
croient aux démons ne doivent-ils pas croire
que l'enfer a présidé à cette création, quand ils
voient, sous la forme du tigre et du singe,
respirer Moloch et Bélial? Eh! qu'est-ce que
l'enfer dans sa furie pouvait inventer de pire
que le serpent à sonnettes, la punaise, les légions d'insectes et reptiles, les monstres marins,
les poisons, la peste, la rage, la lèpre, la
goutte et tant de venins morbifiques imaginés
pour tourmenter l'homme et faire de ce globe
un enfer anticipé?

» Les nouvelles créations, qui toutes seront
bienfaisantes jusqu'à la dernière, ne peuvent pas
commencer avant que le genre humain n'ait
organisé la période sociale, le régime unitaire
ou harmonien : jusque-là, tant que dureraient
les sept premières sociétés, on ne verrait jamais
commencer la deuxième création.

» Cependant la terre est violemment agitée
du besoin de créer; on s'en aperçoit à la fré-
uence des aurores boréales, qui sont un

symptôme du rut de la planète, une effusion
inutile de fluide prolifique; il ne peut former sa
conjonction avec le fluide austral tant que le
genre humain n'aura pas fait les travaux pré-
paratoires : ces travaux ne sauraient être exé-
cutés que par la huitième société qui va s'organiser. Il faudra d'abord porter le genre humain au petit complet de deux milliards, ce qui
exigera au moins un siècle, parce que les femmes
sont bien moins fécondes dans l'ordre combiné
que dans la civilisation, où la vie de ménage
leur fait procréer des légions d'enfants ; la misère en dévore un tiers, un autre tiers est
emporté par les nombreuses maladies que l'ordre incohérent fait naître chez eux ; il vaudrait
bien mieux en produire moins et les conserver.
C'est ce qui est impossible aux civilisés; aussi
ne peuvent-ils mettre le globe en culture ; et,
malgré leur effrayante pullulation, ils ne suf-
fisent qu'à entretenir le terrain qu'ils occupent.

» Lorsque les deux milliards d'habitants auront exploité le globe jusqu'au soixante-cin-
quième degré, on verra naître la couronne boréale qui donnera la chaleur et la lumière aux
régions glaciales arctiques. Ces nouvelles terres,

offertes à l'industrie, permettront de porter le
genre humain au grand complet de trois milliards. Alors les deux continents seraient mis en
culture, et il n'y aura plus d'obstacles aux créations harmoniques, dont la première commencera environ quatre siècles après l'établissement
de l'ordre combiné.

» Deux causes concourront donc simultanément à l'adoucissement général des climatures,
la culture composée et intégrale du globe et
l'aurore boréale qui, par l'effet même du raffinage général de l'atmosphère, se fixera sur le
pôle, évasée en forme d'anneau ou couronne,
en acquérant une nouvelle propriété, celle de
distribuer la chaleur avec la lumière.

» Venons au calcul approximatif de nos vies
en ce monde et dans l'autre ; en les estimant
une par siècle, nos âmes, à la fin de la carrière
planétaire, auront alterné environ huit cent dix
fois de l'un à l'autre monde, en aller et retour :
total, mille six cent vingt existences, dont huit
cent dix *intramondaines* et huit cent dix *extra-
mondaines*, existences dont il faut réduire le
nombre, parce que, durant les soixante-douze
mille ans d'harmonie, le terme de la vie est plus

que double dans l'un et l'autre monde. Mais peu importe le nombre des migrations, puis-qu'il s'agit, en dernière analyse, de quatre-vingt-un mille ans, dont environ deux tiers, cin-quante-quatre mille, à passer dans l'autre monde ; un tiers, vingt-sept mille, à passer dans celui-ci.

» De ces huit cent dix existences, il faut en compter sept cent vingt très-heureuses dans les deux phases d'harmonie et d'apogée, et quatre-vingt–dix dans les deux phases de subversion, dont quarante-cinq de demi-bonheur dans la phase où nous allons entrer, et quarante-cinq de malheur gradué dans la phase par laquelle nous avons passé.

» La théorie d'immortalité de l'âme embrasse le passé comme l'avenir. Si l'âme est immortelle au futur, elle l'a été au passé. Dieu, ne créant rien de rien, n'a pu former nos âmes de rien ; si l'on croit qu'elles n'existaient pas avant le corps, on est bien près de croire qu'elles retourneront au néant dont elles sont sorties.

» Il est inutile de s'occuper de la vie passée, puisque ses développements ont été, en sens inverse, les mêmes que ceux de la vie future, que je ne désigne pas, selon l'usage, par le nom de vie céleste ; car les âmes, dans l'autre vie, sont bien plus que dans celle-ci adhérentes au globe terrestre, dont elles parcourent l'intérieur, pour fonctionner en divers sens et en divers degrés.

» La vie transmondaine est à la présente ce qu'est la veille au sommeil. La veille est un état composé où nous combinons l'exercice des deux facultés corporelle et animique. Le sommeil est un état simple où le corps n'obéit pas à l'âme : c'est une scission entre le corps et l'âme ; celle-ci, dans l'état de sommeil, tombe en déraison, et n'a communément que des pensées vagues dont elle reconnaît au réveil le ridicule.

» Par analogie, nos âmes en cette vie sont sujettes aux erreurs les plus grossières, et dans l'autre vie elles sont douées de sagesse et de haute intelligence.

» L'âme humaine, étant de nature harmonienne, est différente de celle des bêtes ; elle ne peut stationner dans les corps des animaux. Ils ne sont pas moules d'harmonie, mécaniques à passions; ils ne sont que moules partiels, touches disséminées, coffres d'âmes simples, réduites à certaines branches de passions. Si un corps animal pouvait les contenir, il se trouverait unitaire avec Dieu, dont les emplois sont interdits à l'animal, parce qu'il est hors d'unité divine; aussi ne lui est-il pas donné de connaître Dieu et se rallier intentionnellement à lui.

» La vie présente étant à l'autre vie ce qu'est le simple au composé, nous avons dans l'autre vie double exercice de mémoire, et dans celle-ci double lacune de mémoire. En conséquence, nous ne pouvons avoir souvenir en ce monde ni des existences mondaines passées, ni des transmondaines, tandis que, dans l'autre vie, nous aurons la mémoire des unes et des autres.

» Ainsi, dans un rêve, nous ne nous rappelons ni des songes passés, ni régulièrement des journées passées, car nous confondons en rêve les temps, les lieux et les choses; tandis qu'en état de veille, nous nous rappelons distinctement et des songes et des veilles passés.

» Les âmes, dans l'autre vie, prennent un corps formé de l'aliment que nous nommons arome,

qui est incombustible et homogène avec le feu ;
il pénètre les solides avec rapidité , comme on
le voit par l'arome nommé fluide magnétique ,
circulant dans les roches intérieures et au centre
des mines aussi rapidement qu'en plein air.

» L'effet est prouvé par l'aiguille aimantée ,
que le fluide magnétique dirige au sein des
roches les plus épaisses.

» Le corps des défunts est aromal-éthéré ,
c'est-à-dire qu'à la substance aromale dont il
est formé se joint une autre substance de l'élément nommé éther , qui est la portion subtile et
supérieure de notre atmosphère.

Les corps mondains étant tous aqueux , formés des deux éléments terre et eau , il est dans
l'ordre que les corps transmondains soient formés des deux autres éléments , arome et air.
Celui-ci , isolément , ne pourrait pas former le
corps des transmondains , car l'air est combustible ; mais sa partie supérieure éther, plus dégagée d'oxygène et combinée avec l'arome ,
forme des corps pleinement homogènes avec le
feu et l'intérieur brûlant du globe , que parcourent dans leurs fonctions les ultramondains
i rs   ·

» Les transmondains sont de douze degrés, dont cinq mixtes, et ces degrés ne sont point grades de faveur, mais grades de fonctions. Le premier degré est occupé par nos âmes en ce monde; suivent onze échelons d'âmes transmondaines; l'octave est fermé en treizième degré par la planète même, la grande âme adhérente au corps de l'astre. En le quittant, elle est, comme nous, sujette à la mort et à la souffrance, parce que son corps est tout à la fois d'espèce terre aqueuse et éther aromal.

» Les âmes de tous degrés participent, dans l'autre vie, aux sensations corporelles de la planète; elle est languissante et presque malheureuse tant que dure l'état subversif, état commun à la grande âme comme aux âmes individuelles; cet état réduit la grande âme, et, par *unité*, le grand corps planétaire au rôle de *lépreux*, êtres infectés de contagion physique et morale, séquestrés du monde céleste, privés de commerce aromal avec les autres astres. Ceux-ci risqueraient l'infection s'ils communiquaient en plein avec une planète en *subversion ascendante* ou *descendante*. Dans l'une et l'autre phases estimées à un neuvième de carrière, l'astre est en état de contagion aromale, et les autres astres le tiennent en quarantaine quant aux communications. On se borne à lui fournir amplement le *nécessaire aromal* comme un navire pestiféré à qui on donne, sans contact, ce dont il a besoin pour subsistance et traitement et même pour agrément.

» Les âmes des défunts (âmes plus vivantes que les nôtres.) sont aussi malheureuses que nous tant que dure l'état de gêne et de quarantaine que je viens de décrire : ces âmes jouissent pourtant de divers plaisirs qui nous sont inconnus, entre autres le plaisir d'*exister et de se mouvoir*. Nous n'avons pas connaissance de ce bien-être, comparable à celui d'un aigle qui plane sans agiter ses ailes. Tel est, dans l'autre monde, l'état des défunts ou transmondains ; pourvus d'un corps aromal bien plus léger que l'air, ils planent dans l'air et, de plus, dans l'épaisseur de la terre, dont ils peuvent, sans obstacles, traverser les rochers les plus compactes.

» Il nous arrive parfois, pendant le sommeil, de goûter ce plaisir, ce bien-être du corps parcourant un espace immense avec

plus de rapidité que l'hirondelle et se détachant
de la terre sans intervention : c'est une faculté
dont jouissent constamment, dans l'autre vie,
les âmes des défunts pourvus de corps aromaux.
C'est dans ce plaisir, inconnu pour nous, que
consiste le bonheur d'*exister* et jouir à chaque
instant, par le seul avantage de se mouvoir sans
fouler la terre, sans forcer de jambes, sans
s'aider d'un porteur.

» Je pourrais décrire beaucoup d'autres
jouissances des défunts, qui, en résumé, con-
sistent en un essor beaucoup plus étendu des
douze passions radicales qu'elles ne l'ont dans
cette vie. Par exemple, quant au sens de la
vue, nous pouvons croire que, dans l'autre vie,
nous verrons très-distinctement ce qui se passe
dans les diverses planètes, dans le soleil intérieur, et sur toute la surface de notre globe ;
ce sera *vision* élevée en sens supérieur. Il en
sera de même des autres sens, organes ou passions.

» Cela n'empêche pas que les ultramondains ne soient en état de *malheur relatif,*
par la privation d'une infinité de biens dont
ils jouiraient, si l'harmonie sociétaire était

établie, privation d'autant plus sensible pour eux qu'ils voient notre globe en état d'organiser l'harmonie dont il jouirait comme eux.

» Le meilleur service à rendre aux défunts comme aux vivants est donc d'établir, sans délai, l'harmonie sociétaire ; après quoi, l'âme d'un roi, l'âme d'un César sera beaucoup plus heureuse, en renaissant dans le corps du moindre des humains, qu'elle ne l'a été dans le corps de César même, qui, après une carrière pénible et agitée, où il ne trouva que le vide sur le trône du monde, a fait une fin tragique à la fleur de l'âge et se trouve peut-être aujourd'hui l'un de ces chrétiens vendus par les Juifs et crucifiés par les Ottomans, qui font brûler à ses pieds et à petit feu sa femme et ses enfants.

» Beaucoup de gens ont supposé des communications individuelles entre les mondains et les ultramondains. Rien n'est plus faux, car si les ultramondains ou défunts pouvaient conférer avec nous, ils débuteraient par nous informer que nous sommes dans l'erreur sur la destinée sociale ; que l'état civilisé et barbare n'est point le sort que Dieu nous destine et que notre délai d'avénement à l'unité cause le malheur des défunts et le nôtre. Il suffit de notre ignorance à cet égard pour prouver que nous n'avons pas de communication personnelle avec les défunts.

» Cependant, comme il existe des liens dans tout le système de la nature, il faut bien que les vivants participent aux propriétés des ultra-mondains. *En matériel*, il se trouve certaines personnes douées de facultés sensuelles plus qu'humaines. Des gens trouvent des sources cachées, en étant affectés par l'arome émané de la source; arome qui n'a aucune action sensible sur le commun des hommes. On trouve également une faculté ultra-humaine chez quelques magnétisés et somnambules, qui voient sans le secours des yeux et lisent un écrit malgré l'interposition d'un carton ou corps opaque entre les yeux et le livre. On assure aussi que certains magnétisés de haut degré voient des colonnes aromales de diverses couleurs, qui se croisent en tous sens. L'effet qu'ils affirment voir existe bien réellement, car les communications des corps ultramondains et des planètes s'opèrent par ces colonnes.

» *En spirituel*, notre participation aux fa-

cultés animiques des ultramondains se borne à
une aptitude innée qu'ont certains caractères
pour atteindre à des connaissances transcendan-
tes qui sont un apanage commun aux âmes ultramondaines , beaucoup plus éclairées que
nous. Certains individus ont un instinct particulier pour pénétrer les mystères de la science.
Euclide , Archimède , Pascal sont géomètres
d'instinct; ils sont, en ce genre, des esprits
ultra-humains.

» Il nous reste à savoir quel sera le sort de
notre planète , et par conséquent le nôtre, après
son décès , qui doit avoir lieu au bout de quatre-
vingt mille ans, dont elle ne compte guère que
six à sept mille.

» Lorsqu'une âme planétaire se sépare de
son globe défunt, elle s'adjoint à une jeune comète non encore implanée. C'est pour elle une
décadence comparativement aux fonctions bien
supérieures d'une planète. La durée de carrière
cométaire n'est guère que d'un huitième en rapport de la carrière planétaire. Lorsque la comète
est mûre et suffisamment raffinée , on l'implane,
et son âme recommence une carrière d'harmonie sidérale.

» La grande âme, après avoir fourni une échelle d'existences dans plusieurs planètes parcourues de la sorte, et dont elle a occupé successivement les corps, doit s'élever en degrés, c'est-à-dire que, si elle a été, pendant un temps suffisant, âme de satellite, elle devient âme de cardinale, puis âme de nébuleuse, puis âme de prosolaire, puis âme de soleil, et ainsi de suite ; elle parcourt encore des degrés bien autrement élevés, car elle devient âme d'univers, de binivers, de trinivers, etc.

» Lorsqu'un univers est en vibration descendante, les âmes de ses astres vont en déclinant sur l'échelle des grades ; mais notre univers est en vibration ascendante, état de jeunesse, et nos âmes croîtront en développements pendant plusieurs milliards d'années (*). »

Quand les esprits seront persuadés de cette théorie, la mort aura perdu toute sa terreur, les regrets mêmes de ceux qui survivent n'auront plus rien d'amer et de désespéré. En harmonie, la mort, physiquement, ne sera qu'un

(*) *Théorie des quatre mouvements; Traité d'association.*

dernier sommeil ; on verra les vieillards s'é-
teindre lentement, sans souffrances, sans agonie, étendant les bras pour bénir leur phalange,
regardant devant eux l'éternité où ils vont puiser
une nouvelle vie dans l'âme universelle. La
mort est un adieu pour se revoir ; les amis , les
parents , les enfants recueillent les dernières paroles du mourant et lui ferment les yeux avec
piété. Sa dépouille mortelle est portée dans une
terre fleurie où les corps se transforment en sève
vigoureuse, en fleurs, en parfums. Les abris
des morts sont des endroits révérés , leurs dé-
pouilles sont sacrées , leur souvenir est cher,
mais l'idée de la mort, si terrible aujourd'hui ,
n'a plus rien d'effrayant ; le corps s'agglomère
en millions de parcelles avec les productions de
la nature ; il renaît dans la végétation , dans la
fleur, dans l'insecte ; l'âme douée d'une vie plus
intense , en même temps qu'elle se revêt d'une
nouvelle enveloppe, acquérant des sens, des
organes , plus riches, plus développés, une intelligence plus vive , plus pénétrante , réside
encore dans le globe que nous habitons ; sa vie
est la nôtre , elle nous voit, nous entend , s'arrête volontiers auprès de ceux qu'elle a aimés ,

assiste aux événements d'ici-bas comme à des
songes passagers qui nous charment ou nous
tourmentent. Elle nous désire dans sa vie plus
heureuse, et ne s'effraye point d'avoir à revenir
sur cette terre; elle espère son amélioration, et
sait d'ailleurs que l'alternat des vies mondaines
et ultramondaines est une des conditions d'existence de tous les êtres et qui seule peut satisfaire le besoin de variété, qui est dans toute la
nature. Merci donc, mon Dieu, de la mort qui
commence pour nous une vie plus magnifique,
au bout de laquelle nous reviendrons en ce
monde avec plus de sagesse, plus d'expérience
et dans un temps plus calme, plus ordonné.
Merci donc de la vie, mon Dieu, car désormais
tout s'explique à nos yeux, les mystères de la
création nous sont dévoilés, la mort n'est point
le but de la vie, mais bien un passage, une
transition; notre retour sur cette terre est assuré, nos efforts, nos maux, nos douleurs ne
sont point stériles, nous posséderons le bonheur
dans ce globe, dans l'infinité des mondes, dans
l'éternité.

Ici je m'arrête et termine ma tâche. C'est
Fourier qui a parlé, je n'ai entrepris que de le

résumer , le simplifier, le mettre à la portée de tous les esprits. Je ne suis que disciple , tout ce qu'il peut y avoir de bien dans ce livre appartient à Fourier. Heureuse si j'ai pu atteindre mon but , faire connaître sa doctrine , la répandre , lui donner des prosélytes : c'est la première tâche des disciples de Fourier. Reste celle de la réalisation de son système. Il appartient à tout le monde d'y coopérer selon ses forces. Qu'on le veuille fortement, qu'on se réunisse , qu'on s'associe , et le monde pourra encore se transformer aux yeux de la génération présente. Il a fallu que Fourier mourût pour qu'on rendît justice à son génie. Que ce ne soit pas un hommage vain et stérile. Les esprits grands et généreux pourraient-ils désormais n'accorder qu'une demi-attention au système qui promet d'effacer tout les maux , d'enfanter tous les biens? Pourrait-on désormais s'occuper de questions sociales et ne pas approfondir la théorie qui leur donne à toutes la plus satisfaisante solution? Pourrait-on rechercher des réformes , des améliorations ailleurs que dans le ménage sociétaire qui doit toutes les réaliser? Pour un essai, il ne s'agit point de bouleverser les empires , de ré-

former ni l'administration, ni les gouvernements; il ne faut qu'*associer* économiquement
et productivement une centaine de familles;
il ne faut que s'écarter de la routine, en regardant comme toutes les autres routes jusqu'aujourd'hui ont été stériles; il ne faut qu'avoir des
entrailles, voir comme le monde souffre,
comme il a toujours souffert; et puis entendre
de Fourier combien le remède est aisé et prompt.
Que les bénédictions du genre humain appartiennent à ceux qui en prendront l'initiative!

FIN.

IMPRIMERIE DE MADAME VEUVE HUZARD (NÉE VALLAT LA CHAPELLE),
rue de l'Eperon, n° 7.

www.ingramcontent.com/pod-product-compliance
Lightning Source LLC
Chambersburg PA
CBHW061105220326
41599CB00024B/3916